Gottlob Ernst Schulze

Einige Bemerkungen über Kants philosophische Religionslehre

Gottlob Ernst Schulze

Einige Bemerkungen über Kants philosophische Religionslehre

ISBN/EAN: 9783743316058

Hergestellt in Europa, USA, Kanada, Australien, Japan

Cover: Foto ©Lupo / pixelio.de

Manufactured and distributed by brebook publishing software
(www.brebook.com)

Gottlob Ernst Schulze

Einige Bemerkungen über Kants philosophische Religionslehre

Einige Bemerkungen

über

Kants

philosophische

Religionslehre.

Schriftsteller würden sich manche Irrthümer, manche

verlohrne Mühe (weil sie auf Blendwerk gestellt

war) ersparen, wenn sie sich nur entschließen könnten,

mit etwas mehr Offenheit zu Werke zu gehen.

Critik der praktischen Vernunft.

Kiel,

bey Carl Ernst Bohn,

1795.

Vorrede.

Diese Bemerkungen waren anfänglich bloß für eine Anzeige von der philosophischen Religionslehre in der Neuen allgemeinen Deutschen Bibliothek bestimmt, wo man dieselben auch im 1sten Stück des 16ten Bandes größtentheils antreffen wird. Einer meiner Freunde, der zufälliger Weise diese Anzeige im Manuscripte zu sehen bekam, rieth mir, dieselbe noch besonders abdrucken zu laßen, damit die darinn enthaltenen Untersuchungen auch von denen gelesen und erwogen werden könnten, von welchen die Neue

allge=

allgemeine Deutsche Bibliothek nicht gelesen wird. Da dieser Rath von einem Manne herrührte, der in der Philosophie eine eben so gründliche und ausgebreitete Kentniß besitzt, als wie in der christlichen Theologie; so glaubte ich, denselben befolgen zu dürfen, und auf diese Art ist das gegenwärtige Werk entstanden.

Den Bemerkungen über die philosophische Religionslehre, die in der Anzeige dieses Werkes in der Neuen allgemeinen Deutschen Bibliothek enthalten sind, habe ich in der gegenwärtigen Schrift noch einige, wie ich glaube, nicht ganz überflüßige Erläuterungen und Zusätze beygefügt. Die Untersuchung über das Verhältniß der Moral-Theologie zur reinen moralischen Gesinnung war aber für eine Anzeige in der Neuen allgemeinen

nen

nen Deutſchen Bibliothek zu lang; ſie iſt daher im gegenwärtigen Werke zum erſtenmal abge-drukt worden.

Da der Name des Verfaßers auf das Urtheil über den Werth eines Werkes niemals Einfluß haben ſollte; ſo habe ich auch geglaubt, den mei-nigen auf dem Titel-Blatte der gegenwärtigen Schrift weglaßen zu können.

Uebrigens muß ich noch anmerken, daß alle Anführungen der philoſophiſchen Religionslehre im gegenwärtigen Werke ſich auf die zweyte Auflage derſelben beziehen. — Den 20ſten Februar 1795.

Der Verfaßer.

Inn-

Innhalt.

Da die Merkmale, wodurch die Superstition von der wahren und nach den Principien der Vernunft allein giltigen Religion unterschieden ist, immer noch häufig und sogar auch von vielen unter denienigen verkannt werden, welchen das ehrwürdige Geschäfft, die Kenntniß der wahren Religion auszubreiten, und die Ausübung derselben bey andern zu befördern, vorzüglich obliegt; da die Versuche, manchen Wahn des religiösen Aberglaubens mit den Grundsätzen der Vernunft und der wahren Religion in Uebereinstimmung zu bringen, noch oft erneuert, und dadurch die Gränzen, welche ienen von dieser trennen, für sehr viele ganz unkenntlich gemacht werden: So gehört die Kantische Vorstellung der Religion innerhalb der Gränzen der bloßen Vernunft, weil in derselben die Unterschiede, welche zwischen der Superstition und zwischen der wahren Religion statt finden, aufs vollständigste und deutlichste angegeben worden sind, wohl ohnstreitig zu den für Zeitgenoßen und Nachwelt wohlthätigsten Schriften; und alle dieienigen, welchen die Ausbreitung der wahren Religion am Herzen liegt, und welche die Ueberzeugung nähren, daß Sittlichkeit und Tugend nur in eben dem Grade unter den Menschen gedeihen und zunehmen können, in welchem der Aberglaube unter denselben abnimt, werden sich über die Herausgabe dieser Vorstellung der Vernunftreligion gewiß aufrichtig gefreuet haben.

A   Zwar

Zwar werden die, welche sich in der Verehrung
Gottes nicht durch Vorurtheile und Aberglauben, sondern blos durch die Einsichten der Vernunft haben bestimmen laßen, in der philosophischen Religionslehre
des Königsbergischen Weltweisen keine ganz neuen
Ideen und Aufklärungen über das Wesen der wahren Religion antreffen. Was unter den Griechen Sokrates und Plato schon predigten, was in den neuern
Zeiten von den selbstdenkenden Verehrern des Christenthums gelehrt und behauptet worden ist, daß nämlich
zur Verehrung Gottes einzig und allein die Beobachtung aller unserer Menschenpflichten als göttlicher Gebote gehöre, und daß hingegen iede Verehrung Gottes,
die auf Sittlichkeit gar keine Beziehung hat, und zur
Beßerung des menschlichen Herzens gar nichts beyträgt, ein Afterdienst Gottes sey, der aus dem Aberglauben und aus dem Verderbniß des menschlichen Herzens herrührt; das ist auch das Resultat der Untersuchungen, die in der philosophischen Religionslehre über
das Wesen und über die Erfordernisse der wahren Religion angestellt worden sind. Allein diese Uebereinstimmung der Gedanken des Erfinders der kritischen
Philosophie über das Wesen der Religion mit den Gedanken aller derienigen, welche in ältern und neuern
Zeiten sich in ihren religiösen Ueberzeugungen durch Vernunft haben leiten und bestimmen laßen, wird nicht
nur für manchen Leser der philosophischen Religionslehre
einen Beweis von der Wahrheit der Hauptsätze dieser
Religionslehre enthalten, sondern giebt auch zu manchen angenehmen Betrachtungen Anlaß. Denn wie
niederschlagend müßte nicht die Erfahrung seyn, daß
                                                    die

die Auffindung des Heiligthums der Menschheit, der
Religion und Tugend, nur durch eine einzige, von
mancherley zufälligen Umständen abhängige Richtung
der Vernunft in ihren Spekulazionen möglich sey! Wie
stärkend und wohlthätig für Kopf und Herz ist hingegen
die Erfahrung, daß die Vernunft, wenn sie nur das
Bewußtseyn ihrer selbst erhält, und ihren Hauptzweck
nicht aus den Augen verliert, in Ansehung der Hauptbe-
stimmung des Menschen am Ende immer zu den nämlichen
Einsichten und Resultaten gelange, sollte sie auch diese Re-
sultate auf ganz verschiedenen Wegen aufgesucht haben!

Indem ich aber erkläre, daß meiner Einsicht
nach die Kantische Darstellung der Religion innerhalb der Gränzen der bloßen Vernunft durchaus
keine neuen Aufschlüße über den Geist und das Wesen
der wahren Religion enthalte, und daß dieses Werk in
seinen Resultaten mit demienigen übereinstimme, wovon bisher schon alle, die über die wesentlichen Bestandtheile der Religion und der Verehrung Gottes nachgedacht haben, überzeugt waren; so will ich hiermit
doch keinesweges behaupten, daß in diesem Werke nicht
manche neue Idee über gewiße Gegenstände der Religion enthalten sey, die eine wahre Bereicherung und
Vervollkommnerung der Wißenschaft der Religion ausmache; und ich bekenne sogar, daß nach meiner Ueberzeugung diese Vorstellung der Religion innerhalb
der Gränzen der bloßen Vernunft durch die äußerst lichtvolle und vollständige Darstellung des Unter-
schiedes, der zwischen den Principien des religiösen
Aberglaubens und zwischen den Principien der wahren
Vernunftreligion statt findet, weit mehr zur künftigen

Ver-

Verminderung der Herrschaft alles abergläubischen Wahns über die Gemüther der Menschen beytragen werde, als manches andere Werk, dem die Aufklärung in Sachen der Religion gewiß nicht ganz unbedeutende Fortschritte verdankt, darzu beygetragen hat. Ueberdieß giebt noch der geist- und kraft-volle Vortrag, der dem berühmten Verfaßer in einem so seltenen Grade eigen ist, diesem Werke einen ganz vorzüglichen klaßischen Werth; und mir ist es unbegreiflich, wie man die Lektüre deßelben beendigen könne, ohne gegen den Verfaßer für die Nahrung, die Kopf und Herz daraus geschöpft haben, die Regungen des innigsten Dankes zu empfinden. —

So aufrichtig das Geständniß ist, das ich eben über den klaßischen Werth der philosophischen Religionslehre des Königsbergischen Weltweisen abgelegt habe; eben so aufrichtig ist aber auch die Erklärung, daß ich mich von der Wahrheit mancher Sätze und Behauptungen in dieser Religionslehre nicht habe überzeugen können. Ob nun die öffentliche Mittheilung meiner Zweifel an der Wahrheit dieser Sätze und Behauptungen einigen Nutzen stiften werde, wird die Erfahrung lehren. Ich sollte denken, dieser Nutzen wäre dann schon unleugbar, wenn jene Mittheilung auch nichts weiter bewirkte, als daß mancher die philosophische Religionslehre nochmals mit Aufmerksamkeit durchläse, und dadurch mit dem mannichfaltigen Reichthume an wichtigen und gewiß vollkommen wahren Gedanken in derselben vollständiger bekannt würde.

Zuvör-

Zuvörderst muß ich meine Leser auf den ersten Theil
der Vorrede zur philosophischen Religionslehre aufmerksam machen, in welchem von der Moral-Theologie,
oder von der durch die sittlichen Gesetze bestimmten Nothwendigkeit, das Daseyn eines moralischen und allvermögenden Welturhebers vorauszusetzen und zu glauben,
gehandelt wird.   In der Hauptsache stimmt dasjenige,
was in dieser Vorrede von den moralischen Gründen
des Glaubens an Gott gesagt wird, mit demjenigen
überein, was sowohl in der Critik der praktischen Vernunft S. 215—255 und S. 5—10. als auch in der
Critik der Urtheilskraft S. 405—423. bereits darüber gesagt worden ist.   Allein die Vorrede zur philosophischen Religionslehre enthält die Erörterung eines
in der Moral-Theologie höchst wichtigen Punktes, welche man in der Darstellung dieser Moral-Theologie und
ihrer Gründe, wie solche in der Critik der praktischen
Vernunft und in der Critik der Urtheilskraft gegeben
worden ist, vergeblich sucht; und jene Vorrede macht
es allererst vollkommen begreiflich, warum es für
den Menschen nothwendig seyn soll, sich die Realisirung des höchsten und vollendeten Guts zum Object des Willens zu setzen.   Zwar ist bereits schon die
innere Möglichkeit oder Gedenkbarkeit des höchsten
vollendeten Guts, wegen der Unvereinbarkeit der Elemente, aus denen es nach der kritischen Philosophie
bestehen soll, in ein Object, in Anspruch genommen
und bezweifelt worden, (*) woraus, wenn diese Zweifel

A 3   ver-

(*) M. s. die Recension von Reinholds Briefen über die
    Kantische Philosophie in der Neuen a. d. Bibliothek
    X. B. I. St. 1 S. ff.

vernunftmäßig sind, auch die Unmöglichkeit, sich das
höchste Gut zum Obiekt des Willens setzen zu können,
sattsam erhellet: Allein meines Wißens ist bisher
noch von keinem Gegner und auch von keinem Anhänger der kritischen Philosophie das Verhältniß des Vorsatzes, das höchste vollendete Gut und dessen Realisirung zum Obiekt des Willens zu machen, zur reinen
moralischen Gesinnung, welche die praktische Vernunft unbedingt gebietet, untersucht worden, und konnte
auch noch nicht untersucht werden, weil allererst in der
Vorrede zur philosophischen Religionslehre eine deut=
liche Erklärung über dieses Verhältniß gegeben worden ist. Ich will also ietzt diese Untersuchung anstel-
len. Es wird aber dieselbe nicht allein über die Richtigkeit der Zweifel an der innern Möglichkeit der Idee
des vollendeten Guts, sondern auch über den Vorwurf,
den man der Moral-Theologie schon so oft gemacht hat,
daß nämlich die in derselben vorkommende Schlußart
der menschlichen Vernunft ganz unnatürlich, und den
Gesetzen derselben gar nicht angemessen sey, einigen
Aufschluß geben können.

Ueber die Gründe der Nothwendigkeit für den
Menschen, sich die Realisirung des vollendeten Guts,
welches aus der völligen Ungemeßenheit der Gesinnun=
gen zum moralischen Gesetz und aus der Glückseligkeit,
die mit ienen Gesinnungen harmonisch zusammentrifft
besteht, zur Absicht seines Willens zu setzen, erklärt
sich der Verfasser der philosophischen Religionslehre fol-
gendermaaßen.

I. „Die

I. „Die Moral, so fern sie auf dem Begriffe des Menschen, als eines freyen, eben darum aber auch sich selbst durch seine Vernunft an unbedingte Gesetze bindenden Wesens gegründet ist, bedarf weder der Idee eines andern Wesens über ihm um seine Pflicht zu erkennen, noch einer andern Triebfeder, als des Gesetzes selbst, um sie zu beobachten. Wenigstens ist es seine eigene Schuld, wenn sich ein solches Bedürfniß an ihm vorfindet, dem aber auch alsdann durch nichts anderes abgeholfen werden kann; weil was nicht aus ihm selbst und seiner Freyheit entspringt, keinen Ersatz für den Mangel seiner Moralität abgiebt. Sie bedarf also zum Behuf ihrer selbst (sowohl obiektiv, was das Wollen, als subiektiv, was das Können betrifft) keineswegs der Religion, sondern, vermöge der reinen praktischen Vernunft, ist sie sich selbst genug. — Denn da ihre Gesetze durch die bloße Form der allgemeinen Gesetzmäßigkeit der darnach zu nehmenden Maximen, als oberster (selbst unbedingter) Bedingung aller Zwecke verbinden; so bedarf sie überhaupt gar keines materialen Bestimmungsgrundes der freyen Willkühr, das ist keines Zwecks, weder um was Pflicht sey, zu erkennen, noch darzu daß sie ausgeübt werde, anzutreiben: sondern sie kann gar wohl und soll, wenn es auf Pflicht ankömmt, von allen Zwecken abstrahiren." Vorrede S. III—V. (*)

II. „Ob zwar aber die Moral zu ihrem eigenen Behuf keiner Zweckvorstellung bedarf, die vor der
X 4 Willens-

(*) Es kann für manchen Leser nützlich seyn, wenn er hierbey die Critik der Urtheilskraft S. 420—423. nachsieht.

Willensbestimmung vorhergehen müßte, so kann es
doch wohl seyn, daß sie auf einen solchen Zweck eine
nothwendige Beziehung habe, nämlich, nicht als auf
den Grund, sondern auf die nothwendigen Folgen der
Maximen, die ienen gemäß genommen werden." Vorrede S. VI.

III. „Ohne alle Zweckbeziehung kann nämlich gar
keine Willensbestimmung im Menschen statt finden, weil
sie nicht ohne alle Wirkung seyn kann, deren Vorstellung, wenn gleich nicht als Bestimmungsgrund der
Willkühr und als ein in der Absicht vorhergehender
Zweck, doch als Folge von ihrer Bestimmung durchs
Gesetz zu einem Zwecke muß aufgenommen werden können, (finis in confequentiam veniens), ohne
welchen eine Willkühr, die sich keinen, weder obiektiv
noch subiektiv bestimmten Gegenstand, (den sie hat,
oder haben sollte) zur vorhabenden Handlung hinzu
benkt, zwar wie sie, aber nicht: wohin sie zu wirken
habe, angewiesen sich selbst nicht Genüge thun kann,"
Vorrede S. VI.

IV. „So bedarf es zwar für die Moral zum
Rechthandeln keines Zwecks, sondern das Gesetz, welches die formale Bedingung des Gebrauchs der Freyheit überhaupt enthält, ist ihr genug. Aber aus der
Moral geht doch ein Zweck hervor; denn es kann der
Vernunft unmöglich gleichgiltig seyn, wie die Beantwortung der Frage ausfallen möge: was dann aus diesem unserm Rechthandeln herauskomme, und worauf
wir, gesetzt auch, wir hätten dieses nicht völlig in unserer Gewalt, doch als auf einen Zweck unser Thun
und

und laßen richten könnten, um damit wenigstens zusammen zu stimmen." Vorrede S. VI. u. VII.

V. „Es ist also zwar nur eine Idee von einem Obiekte, welches die formale Bedingung aller Zwecke, wie wir sie haben sollen, (die Pflicht) und zugleich alles damit zusammenstimmende Bedingte aller derienigen Zwecke, die wir haben (die iener ihrer Beobachtung angemeßene Glückseligkeit) zusammenvereinigt in sich enthält, das ist, die Idee eines höchsten Guts in der Welt, zu beßen Möglichkeit wir ein höheres, moralisches, heiligstes und allvermögendes Wesen annehmen müßen, das allein beyde Elemente deßelben vereinigen kann; (*) Aber diese Idee ist (praktisch betrachtet) doch nicht leer, weil sie unserm natürlichen Bedürfnißе zu allem unsern Thun und laßen im Ganzen genommen irgend einen Entzweck, der von der Vernunft gerechtfertigt werden kann, zu denken, abhilft, welches sonst ein Hinderniß der moralischen Entschließung seyn würde. (**) Aber, was hier das Vornehmste ist, diese Idee geht aus der Moral hervor, und ist nicht die Grundlage derselben; ein Zweck welchen sich zu machen, schon sittliche Grundsätze voraussetzt." Vorrede S. VII—VIII.

A 5   VI.

(*) Man vergleiche hierbey die Critik der praktischen Vernunft S. 224—225.

(**) Was zur praktischen Realität und Benutzung einer Idee erforderlich sey zeigt der Verfasser S. 64. in der philosophischen Religionslehre an.

VI. „Es kann also der Moral nicht gleichgiltig seyn, ob sie sich den Begriff von einem Entzweck aller Dinge (wozu zusammen zu stimmen, zwar die Zahl ihrer Pflichten nicht vermehrt, aber doch ihnen einen besondern Beziehungspunkt der Vereinigung aller Zwecke verschafft) mache, oder nicht; weil dadurch allein der Verbindung der Zweckmäßigkeit aus Freyheit mit der Zweckmäßigkeit der Natur, deren wir gar nicht entbehren können, obiektiv praktische Realität verschafft werden kann." Vorrede S. VIII.

VII. „Moral führt also unumgänglich zur Religion, oder zu dem Satz, es ist ein Gott, und mithin ist ein höchstes Gut in der Welt. Dieser Satz, wenn er als Glaubenssatz blos aus der Moral hervorgehen soll, ist ein synthetischer a priori, der, ob er gleich nur in praktischer Beziehung angenommen wird, doch über den Begriff der Pflicht, den die Moral enthält, hinausgeht und aus dieser also analytisch nicht entwickelt werden kann. Wie ist nun aber ein solcher Satz a priori möglich? dieß wird aus folgenden Bemerkungen einigermaaßen verständlich." Vorrede S. IX. u. X. in der Anmerkung.

VIII. „Zweck ist ieberzeit der Gegenstand einer Zuneigung, das ist, einer unmittelbaren Begierde zum Besitz einer Sache, vermittelst einer Handlung; so wie das Gesetz (das praktisch gebietet), ein Gegenstand der Achtung ist. Ein obiektiver Zweck (d. i. derienige, den wir haben sollen), ist der, welcher uns von der bloßen Vernunft als ein solcher aufgegeben wird. Der Zweck, welcher die unumgängliche und zugleich zureichende

reichende Bedingung aller übrigen enthält, ist der Entzweck. Eigene Glückseligkeit ist der subiektive Entzweck vernünftiger Weltwesen, den iedes derselben vermöge seiner von sinnlichen Gegenständen abhängigen
Natur hat und von dem es ungereimt wäre zu sagen:
daß man ihn haben solle), und alle praktische Sätze,
die diesen Entzweck zum Grunde haben, sind synthe-
tisch, aber zugleich empirisch." Vorrede S. XI.

IX. „Daß aber Jedermann sich das höchste in
der Welt mögliche Gut zum Entzwecke machen solle,
ist ein synthetischer praktischer Satz a priori, und
zwar ein obiektiv praktischer durch die reine Vernunft
aufgegebener, weil er ein Satz ist, der über den Begriff der Pflichten in der Welt hinaus geht, und eine
Folge derselben (einen Effekt) hinzuthut, der in den
moralischen Gesetzen nicht enthalten ist, und daraus also
analytisch nicht entwickelt werden kann. Diese gebieten nämlich schlechthin, es mag auch der Erfolg derselben seyn, welcher er wolle, ia sie nöthigen sogar davon
gänzlich zu abstrahiren, wenn es auf eine besondere
Handlung ankommt, und machen dadurch die Pflicht
zum Gegenstande der größten Achtung, ohne uns einen
Zweck (und Entzweck) vorzulegen und aufzugeben, der
etwa die Empfehlung derselben und die Triebfeder zur
Erfüllung unserer Pflicht ausmachen müßte. Alle
Menschen könnten hieran auch genug haben, wenn sie
(wie sie sollten) sich blos an die Vorschrift der reinen
Vernunft im Gesetz hielten." Vorrede S. XI.

X. „Nun ist es aber eine von den unvermeidli-
chen Einschränkungen des Menschen und seines (vielleicht

leicht auch aller endlichen Weltwesen) praktischen Vernunftvermögens, sich bey allen Handlungen nach dem
Erfolg aus denselben umzusehen, um in diesem etwas
aufzufinden, was zum Zweck für ihn dienen, (*) und
auch die Reinigkeit der Absicht beweisen könnte, welcher
in der Ausübung (nexu effectivo) zwar das letzte,
in der Vorstellung aber und der Absicht (nexu finali)
das erste ist." Vorrede S. XII.

XI. „An diesem Zwecke nun, wenn er gleich
durch die bloße Vernunft ihm vorgelegt wird, sucht der
Mensch etwas, was er lieben kann; das Gesetz also,
was ihm bloß Achtung einflößt, ob es zwar jenes
als Bedürfniß nicht anerkennt, erweitert sich doch zum
Behuf deßelben zu Aufnehmung des moralischen Entzwecks der Vernunft unter seine Bestimmungsgründe;
das ist, der Satz: mache das höchste in der Welt mögliche

(*) Dieß drückt der Verfaßer S. 203. in der philosophischen
Religionslehre durch den Satz aus; Eine gänzliche Ver-
zichtthuung auf das Physische der Glückseligkeit kann dem
Menschen, so lange er existirt, nicht zugemuthet werden;
und in der Critik der Urtheilskraft wird S. 420. gesagt;
Aber das eine Erforderniß des Entzwecks (die Glückseligkeit) wie ihn die praktische Vernunft den Weltwesen
vorschreibt, ist ein in sie durch ihre Natur (als endlicher
Wesen) gelegter unwiderstehlicher Zweck, den die Vernunft nur dem moralischen Gesetze als unverletzlicher Bedingung unterworfen, oder auch nach demselben allgemein gemacht wißen will, und so die Beförderung der
Glückseligkeit, in Einstimmung mit der Sittlichkeit, zum
Entzwecke macht.

liche Gut zu deinem Entzweck; ist ein synthetischer Satz
a priori, der durch das moralische Gesetz selber eingeführt wird, und wodurch gleichwohl die praktische Vernunft sich über das letztere erweitert, welches dadurch
möglich ist, daß ienes auf die Natureigenschaft des
Menschen, sich zu allen Handlungen außer dem Gesetz
noch einen Zweck denken zu müßen, bezogen wird, (welche Eigenschaft deßelben ihn zum Gegenstande der Erfahrung macht) und ist (gleichwie die theoretischen und
doch synthetischen Sätze a priori) nur dadurch möglich, daß er das Princip a priori der Erkenntniß der
Bestimmungsgründe einer freyen Willkühr in der Erfahrung überhaupt enthält, so fern diese, welche die
Wirkungen der Moralität in ihren Zwecken darlegt, dem
Begriff der Sittlichkeit, als Kausalität in der Welt,
obiektive obgleich nur praktische Realität verschafft."
Vorrede S. XII—XIII.

XII. „Wenn nun aber die strengste Beobachtung
der moralischen Gesetze als Ursache der Herbeyführung
des höchsten Guts (als Zwecks) gedacht werden soll: so
muß, weil das Menschenvermögen hierzu nicht hinreicht,
die Glückseligkeit in der Welt einstimmig mit der Würdigkeit glücklich zu seyn, zu bewirken, ein allvermögendes moralisches Wesen als Weltherrscher angenommen
werden, unter deßen Vorsorge dieses geschieht; das ist,
die Moral führt unausbleiblich zur Religion." Vorrede S. XIII. (*)

Ob

(*) Zu vergleichen ist hierbey noch, was in der philosophischen Religionslehre S. 282. ff. vom Verhältniß der Gott-
seligkeit

Ob nun die Moral durch ihre formalen und unbedingten Geſetze unausbleiblich zur Religion führe, und
ob insbeſondere die Beziehung der Beobachtung der
Sittengeſetze auf die dadurch zu bewirkende Realiſirung
des höchſten vollendeten Guts mit der reinen moraliſchen, durch die praktiſche Vernunft gebotenen Geſinnung vereinbar ſey, oder nicht vielmehr dieſe Geſinnung
gänzlich verderbe, das wird aus folgenden Bemerkungen erhellen.

I. Von den obigen Sätzen zeigt eigentlich nur erſt
der X. und XI. Satz deutlich an, auf welche Art die
Idee des höchſten vollendeten Guts im Menſchen ent-
ſtehe, und was denſelben zur Erzeugung dieſer Idee
nöthige. Da nun dieſe beyden Sätze für manchen
meiner Leſer wohl ziemlich unverſtändlich ſeyn mögten,
ſo will ich dieſelben zuvörderſt erklären und ihren Inn-
halt etwas faßlicher zu machen ſuchen. Nach meiner
Einſicht enthalten ſie folgende Behauptungen.

a) Das praktiſche Vernunftvermögen des Menſchen iſt ein eingeſchränktes Vermögen, das heißt, die
praktiſche Vernunft nebſt der darinn enthaltenen unbedingten

ſeligkeit zur Tugend geſagt wird. Beſonders verdienen
auch die Sätze S. 283. Der Tugendbegriff iſt aus
der Seele des Menſchen genommen, der Religionsbegriff aber iſt durch Schlüſſe heraus vernünftelt und S. 174. in Religionsſachen iſt es erlaubt einen Knoten durch eine praktiſche Maxime
zu zerhauen, in Erwägung gezogen und werden, und
können über die Beſchaffenheit der Moral-Theologie eine
wichtige Erläuterung geben.

dingten Gesetzgebung ist es nicht allein, was das Begehrungsvermögen des Menschen afficirt, und daßelbe
bestimmt, sondern auf das Begehrungsvermögen hat
auch die Sinnlichkeit mit ihren Bedürfnißen und den
daraus entspringenden Neigungen Einfluß. Sollte die
praktischgesetzgebende Vernunft ein uneingeschränktes
Vermögen im Menschen seyn, so müßte sie ganz allein
durch ihre Gesetzgebung das Begehrungsvermögen bestimmen, und alsdann würde in den Aeußerungen des
Begehrungsvermögens gar keine Abweichung von den
Geboten der praktischen Vernunft möglich seyn; iene
würden vielmehr mit diesen beständig und nothwendig
zusammentreffen, oder der Mensch würde gar nichts
anders begehren können, als was die Gebote der praktischen Vernunft zu thun vorschreiben. Da nun aber
die praktische Vernunft in dem Menschen ein eingeschränktes Vermögen ist, und da auf den menschlichen
Willen auch die Sinnlichkeit mit ihren Bedürfnißen
und Begierden Einfluß hat; so kommt es, daß der
Mensch bey allen Handlungen, welche ihm die praktische Vernunft als Pflichten vorschreibt, sich nach dem
Erfolg davon umsieht, um in diesem Erfolge etwas anzutreffen, was zum Zweck für ihn dienen und zugleich
auch die Reinigkeit seiner Absicht bey der Beobachtung
des Pflichtgebots beweisen kann; d. h. bey allen Handlungen, die das Sittengesetz vorschreibt, fragt der
Mensch, wenn er sich darzu entschließen soll: Was
wird die Wirkung und der Erfolg dieser Handlung für
die Sinnlichkeit und deren Bedürfnße seyn? Enthielte dieser Erfolg gar nichts, was den Bedürfnißen
der Sinnlichkeit angemeßen wäre; so würde er sich

auch

auch nicht zur Handlung entschließen, und das Gebot der praktischen Vernunft zur Regel seines Betragens machen. Inzwischen denkt sich der Mensch diesen Erfolg der Handlungen, zu denen er sich soll entschließen können, vermöge der unvertilgbaren Forderung der praktischen Vernunft an ihn so, daß er mit dieser Forderung doch einigermaaßen vereinbar ist, und mithin die Aufsuchung des Erfolgs bey allen moralisch gebotenen Handlungen selbst als Beweis für die Reinigkeit der Absicht bey den Handlungen angesehen werden kann. Dieser Erfolg nun, nach dem sich der Mensch bey den durch die Pflicht gebotenen Handlungen vermöge des Einflußes der Sinnlichkeit auf das Begehren umsieht, ist zwar etwas, das auf die Ausübung der Handlung allererst folgt, und durch dieselbe hervorgebracht wird; allein dadurch, daß der Mensch auf diesen Erfolg Rücksicht nimmt, wird die Vorstellung desselben zur Triebfeder der Handlung erhoben, oder wird die Ursache von dem Entschluße zur Handlung.

b) Ohngeachtet zwar die bloße Vernunft dem Menschen den Zweck oder den Erfolg vorlegt, nach dem er sich bey den durch die Pflicht gebotenen Handlungen umsieht; so sucht er doch an diesem Zwecke, weil ihn der Einfluß der Sinnlichkeit auf sein Begehren zur Aufsuchung desselben antreibt, etwas auf, das er lieben kann, das heißt, das für die Sinnlichkeit und deren Begierden ein Gegenstand des Wohlgefallens ist. Das moralische Gesetz aber ist blos ein Gegenstand der Achtung, denn es enthält gar keine Begünstigung für die Neigungen, und gebietet, dieselben einzuschränken. Es ist also gar nicht etwas, so ein Objekt der Liebe für

den

den Menschen ausmachte. Das Gesetz erlaubt es ferner eigentlich gar nicht, daß der Mensch bey seinen
Handlungen sich nach dem Erfolg daraus umsehe, um
in demselben etwas aufzusuchen, was für die Befriedigung der sinnlichen Begierden tauglich ist, und diese
Befriedigung enthält. Das Gesetz gebietet vielmehr,
eine Handlung blos wegen der Gesetzmäßigkeit und der
Allgemeingiltigkeit ihrer Maximen zu vollbringen, und
diese Gesetzmäßigkeit der Maximen zur alleinigen
Triebfeder der Handlungen durch einen freyen Entschluß zu erheben. Inzwischen ist doch das Gesetz
nachsichtsvoll gegen das aus dem Einfluße der Sinnlichkeit auf das Begehrungsvermögen herrührende Bedürfniß des Menschen, bey den Handlungen, die er
vermöge des Pflichtgebots ausüben soll, einen Erfolg
derselben aufzusuchen, der etwas den sinnlichen Bedürfnißen angemeßenes enthält, und gestattet, daß die Rücksicht auf den moralischen Entzweck der Vernunft, oder
auf die von der Sittlichkeit zwar abhängige, aber doch
auch mit derselben aufs innigste zusammenstimmende
Glückseligkeit, unter die Triebfedern der Ausübung des
Sittengesetzes aufgenommen werden darf; das heißt;
der Mensch, seiner Bedürfniße als eines sinnlichen Wesens sich bewußt, denkt es sich als erlaubt, auf die Verbindung seiner Handlungen, die das Sittengesetz gebietet, mit einem Erfolg, der etwas für die Bedürfniße
der Sinnlichkeit angemeßenes enthält, Rücksicht nehmen
zu dürfen, wenn er sich zu diesen Handlungen entschließen soll; denn nur hierdurch ist es ihm möglich, in
ieder Handlung, die er um des Gesetzes willen thut,
auch den durch seine Natur unwiderstehligen Forderun-

gen der Sinnlichkeit ein Genüge zu thun. Wäre es ihm nicht möglich, in der Ausübung der Sittengesetze um ihrer selbst willen auch noch eine Beziehung auf seine Glückseligkeit anzutreffen und zu denken; so würde ihn dieß hindern, sich zur Ausübung des Sittengesetzes zu entschließen. Dadurch also, daß der Mensch den Satz: Es ist ein höchstes vollendetes Gut in der Welt; als wahr annimmt, ist es ihm allererst möglich, alle Hindernisse bey dem Entschluß, die Sittengesetze um ihrer selbst willen zu beobachten, aus dem Wege zu räumen; mithin hat dieser Satz praktische Realität. (*)

c) Mithin ist eigentlich der Satz: Mache das höchste in der Welt mögliche Gut zum Entzweck deines Thuns und Laßens ein synthetischer Satz a priori, der aus der Forderung des moralischen Gesetzes abstammt, und durch den sich gleichwohl die praktisch gesetzgebende Ver-

---

(*) Ich befürchte nicht, daß man mir werde Schuld geben, ich habe bey Verfaßer der philosophischen Religionslehre in Ansehung deßen, was ich ihn hier sagen laße, mißverstanden, oder gar absichtlich mißgedeutet. Zwar wird im Texte das Sittengesetz personificirt, und demselben beygelegt, was ich in dem Commentar den Menschen thun laße. Daher heißt es S. X. Zeile 10. Das Gesetz erweitert sich zum Behuf des Bedürfnißes, nach welchem der Mensch an dem Erfolg des Rechtverhaltens etwas aufsucht, das er lieben, (als Gegenstand des sinnlichen Wohlgefallens ansehen) könne, und nimt das, was die Vernunft als Entzweck und Erfolg des Rechtverhaltens denkt, unter die Gründe auf, wodurch der Mensch in der Beobachtung des Pflichtgebots sich darf bestimmen laßen.

Vernunft über den Inhalt des Sittengesetzes erweitert, in dem dieses von allem Erfolg unserer Handlungen zu abstrahiren gebietet, iene aber Handlungen auch in Beziehung auf ihren Erfolg zu vollbringen verlangt. Daß nun aber die praktische Vernunft in ihren Geboten sich über die Forderungen des Sittengesetzes erweitern könne, ist allein dadurch möglich, daß das Sittengesetz auf die Natureigenschaft des Menschen, sich zu allen Handlungen, außer dem Gesetz, das dieselben gebietet, noch einen Zweck, der die Handlungen zu einem Gegenstand des Wohlgefallens für die Sinnlichkeit macht, denken zu müßen, bezogen wird. Durch diese Eigenschaft ist aber der Mensch ein Gegenstand der Erfahrung, oder sie kommt ihm als einem solchen Gegenstande nothwendig zu, denn iede Veränderung eines Gegenstandes in der Erfahrung muß als durch zureichende Gründe bestimmt gedacht werden, die selbst wieder Gegenstände der

B 2.   Erfah-

laßen. Allein diese Ausdrücke darf man doch gewiß nicht im eigentlichen Sinn nehmen, denn alsdann enthalten sie Absurditäten. Das Sittengesetz verändert sich niemals, und ist immer dasselbe. In demselben ist ferner auch alles nothwendig bestimmt, denn es rührt aus der Vernunft her. Es kann sich also nicht selbst erweitern, und neue Bestimmungsgründe in sich aufnehmen. Aber der Mensch vernünftelt über das Sittengesetz und über dessen Forderung, und mögte dieselbe gern mit seiner Sinnlichkeit und mit den Bedürfnißen derselben in Uebereinstimmung bringen. Dieser erweitert also das Sittengesetz, und denkt sich Triebfedern bey der Beobachtung desselben hinzu, die ursprünglich im Gebot der praktischen Vernunft gar nicht enthalten sind, (denn dasselbe empfiehlt keine Pflicht

Erfahrung ausmachen. Uebrigens ist der Satz: Mache das höchste in der Welt mögliche Gut zu deinem
Entzwecke; nur dadurch möglich, daß er eben so, wie
alle theoretischen, und dabey synthetischen Sätze a priori
das Princip a priori für eine Erkentniß (die aus Erfahrung und Verstandesbegriffen besteht) ausmacht.
Er macht es nämlich möglich, die Bestimmungsgründe einer freyen Willkühr in der Erfahrung überhaupt
zu erkennen, in so fern diese Erfahrung, welche die
Wirkungen der Moralität der Handlungen nur allein
aus den Zwecken, so ihnen zum Grunde liegen, darstel-
lig machen und als Wirkungen der Moralität beweisen
kann, dem Begriffe der Sittlichkeit, als Kausalität in
der Welt, Anwendbarkeit auf ein Objekt, obgleich nur
in praktischer Rücksicht, zu verschaffen im Stande ist,
und es würde gar nicht möglich seyn, irgend eine Handlung, als einen Gegenstand der Erfahrung, von moralisch guten Maximen abzuleiten, wenn wir die Handlung

Pflicht durch den Erfolg der mit der Ausübung derselben
verknüpft ist, sondern gebietet unbedingt) die aber das
moralische Thun und Laßen zu einem Gegenstand des
Wohlgefallens für die Sinnlichkeit machen. Meine Erklärung der angeführten Stelle wird überdieß noch theils
durch dasienige, was S. XI. von dem an sich unbedingten Gebot der moralischen Gesetze gesagt wird, theils dadurch bestätigt, daß der Verfaßer die Nothwendigkeit,
auf den Erfolg der Handlungen beym Entschluß darzu
Rücksicht zu nehmen, aus der Eingeschränktheit des praktischen Vernunftvermögens, oder aus dem Einfluße der
Forderungen der Sinnlichkeit auf das Begehren ab-
leitet.

lang nicht als durch die Rücksicht auf das dadurch zu
befördernde höchste vollendete Gut bestimmt und her=
vorgebracht denken wollten. (*)

2. Um die Wahrheit dieser Behauptungen prü=
fen, und die Natur der Nothwendigkeit, die in dem
Satze: Mache das höchste in der Welt mögliche Gut
zum Entzweck deines Thuns und Laßens; enthalten
seyn soll, gehörig einsehen zu können; müßen wir noch

B 3 . den

(*) Vielleicht ist es manchen von meinen Lesern, denen die
Lehrsätze der Critik der reinen Vernunft nicht bekannt ge=
nug sind, angenehm, wenn ich eine Erklärung des Ur=
sprungs und der Bestimmung der synthetischen Grund=
sätze a priori beyfüge. — Nach der Vernunftkritik ist
die Erfahrung Vorstellung der Gegenstände sinnlicher
Wahrnehmungen in einem nothwendigen Zusammenhan=
ge, und zur Erfahrungskenntniß gehören nicht blos zufäl=
lige und veränderliche Wahrnehmungen, sondern auch
nothwendige und allgemeine Merkmale, wodurch iene
Wahrnehmungen ein gesetzmäßiges Ganzes werden. Die
Quelle der Gesetzmäßigkeit der Erfahrungskenntniß liegt
in dem Verstande, und dieser enthält a priori die ober=
sten Gesetze aller Erfahrung, die mithin durch die ge=
meinschaftliche Wirksamkeit der Sinne und des Verstan=
des allererst wirklich wird. Die Abhängigkeit der Erfah=
rungskenntniß vom Verstande und von deßen Principien
beweißt die Vernunftkritik aus der Natur der syntheti=
schen Urtheile a priori, die bey der Erfahrung unentbehr=
lich sind, und durch die Anwendung auf Erfahrung, der=
selben Gesetzmäßigkeit und einen nothwendigen Zusam=
menhang verschaffen. Synthetische Urtheile sind
nämlich solche, deren Prädikat nicht schon im Begriff des
Subiekts

den Urſprung der Beſtandtheile des höchſten Guts auf-
ſuchen, und aus welchen Zweigen des Gemüths ſolche
eigentlich herrühren, genau angeben. — Das höchſte
vollendete Gut beſteht laut der Erklärung, die der Kö-
nigsbergiſche Weltweiſe ſelbſt von deßen Innhalte gegeben hat, aus zwey ganz ungleichartigen Elementen,
nämlich aus der Heiligkeit des Willens und aus einer
dieſer Heiligkeit vollkommen angemeßenen Glückſeligkeit. Die Heiligkeit des Willens beſteht in einer voll-
komme-

Subiekts enthalten iſt, ſondern erſt durch ein Urtheilen
des Verſtandes mit dem Subiekte verbunden wird. Das
Gegentheil dieſer Urtheile ſind die analytiſchen, d. h.
ſolche, deren Prädikat ſchon im Begriff des Subiekts
enthalten iſt, und vermöge des Grundſatzes vom Wider-
ſpruch mit dem Subiekte verbunden werden muß. Alle
ſynthetiſchen Urtheile aber ſind entweder Urtheile a po-
ſteriori oder a priori. Jene ſind ſolche, in welchen der
Grund der Verbindung des Prädikats mit dem Subiekte
in einem ſinnlichen Eindrucke, oder in dem enthalten iſt,
was bey der Erfahrung dem Gemüthe gegeben wird.
Die nothwendigen ſynthetiſchen Urtheile aber können gar
nicht aus Empfindungen und aus den ſinnlichen Eindrü-
cken herrühren, weil alles, was in Empfindungen enthalten iſt und daraus herrührt, zufällig und individuel
iſt; ſie müßen alſo aus den Grundbeſtimmungen des Ge-
müthes ſelbſt herrühren. Dieſe nothwendigen ſynthetiſchen Urtheile ſind nun allein dadurch möglich, daß die
Formen der ſinnlichen Anſchauungen, nämlich die Vor-
ſtellungen von Raum und Zeit, in der Sinnlichkeit a
priori enthalten ſind, und eben deßwegen auch a priori
vorgeſtellt werden können. Hierdurch iſt es nämlich dem
Verſtande möglich, aus der Anſchauung a priori die Prädikate

kommenen und nothwendigen Uebereinstimmung aller
Aeußerungen des Begehrungsvermögens mit dem moralischen Gesetze. Glückseligkeit aber ist der Zustand
eines sinnlichen Wesens, in welchem demselben alles
nach Wunsch geht, und iedes seiner Bedürfniße vollkommen befriedigt wird. (*) Die Idee der Heiligkeit
nun stammt aus der reinen gesetzgebenden Vernunft
her. Zwar beziehen sich die Gebote dieser Vernunft

B 4   insge-

dikate zu schöpfen, welche er mit dem Subiekte verknüpft,
um die Erkenntniß des Subiekts durch ein neues Prädikat zu erweitern, das vor dem Urtheile im Begriff des
Subiekts gar nicht enthalten ist. In wie ferne nun alle
Gegenstände der empirischen Anschauung, oder alle Erscheinungen nothwendig vermittelst der Formen der Anschauungen a priori vorgestellt werden müßen, in so ferne
kommen auch denselben die Prädikate der in den Formen
der Anschauungen a priori bestimten synthetischen Urtheile
nothwendig und allgemein zu. Auf diese Art ist es allein
begreiflich, wie die Erfahrung ein Vorstellen der Erscheinungen in einem nothwendigen Zusammenhange seyn könne; die synthetischen Urtheile a priori geben nämlich den
Erscheinungen diesen Zusammenhang, und es sind daher
diese Urtheile Gesetze der Natur, die alle Erfahrung (als
ein gesetzmäßiges Ganzes) erst möglich machen, die aber
der Verstand selbst in die Natur und in ihre Erkenntniß
hineinträgt, und keinesweges allererst aus der Beobachtung der Natur schöpft. Man sehe die Critik der reinen
Vernunft S. 193. ff. nach der 2ten Ausgabe, und die
Critik der praktischen Vernunft S. 88—94.

(*) Critik der praktischen Vernunft S. 119 u. 224. Aus-
führlicher noch ist in der Critik der Urtheilskraft S. 384.
die Idee der Glückseligkeit erörtert worden.

insgesamt auf unser von der Sinnlichkeit und von mancherley Bedürfnißen abhängiges Begehrungsvermögen,
und sind ursprünglich blos Verbote für dieses Begehrungsvermögen, wodurch bestimmt wird, welche
Aeußerungen dieses Vermögens nicht befriedigt werden
dürfen. Allein unsere Vernunft macht sich, indem sie
von der sinnlichen Natur des Menschen abstrahirt, die
Idee von einem Wesen, beßen Wille einzig und allein
durch das Sittengeſetz bestimmt wird, und beÿ dem
also gar keine Abweichung des Willens von dem Sittengeſetz möglich und gedenkbar ist. Die Glückseligkeit hingegen ist eine Idee, welche aus der Phantaſie
herrührt, und auf die Sinnlichkeit des Menschen und
auf die daraus herrührenden Bedürfniße und Neigungen Bezug hat. Sie ſetzt daher, um als realiſirbar
gedacht werden zu können, ein Wesen voraus, das Gefühle der Lust und Unlust hat, und durch diese Gefühle
in den Aeußerungen seines Begehrens bestimmt wird.
Wenn man nun den Ursprung der zwey Bestandtheile
des höchsten vollendeten Guts aus zweyen nicht allein
- ganz verschiedenen, sondern auch einander opponirten,
und in ihren Wirkungen sich einander beständig ein-
schränkenden Vermögen des Gemüths bedenkt, so wird
man die Unvereinbarkeit dieser Bestandtheile sehr leicht
begreiflich finden. Die Heiligkeit ſetzt nämlich nicht
nur einen Willen voraus, auf den das Gefühl der Lust
und Unlust ganz und gar keinen Einfluß haben kann,
und der in allen seinen Aeußerungen einzig und allein
durch die Vorstellung des moralischen Geſetzes oder der
Geſetzmäßigkeit eines Grundſatzes bestimmt wird, da
hingegen die Glückseligkeit nur bey einem Wesen statt

finden

finden kann, das ſinnliche Bedürfniſſe fühlt, und durch die Gefühle von Luſt und Unluſt in ſeinem Begehren beſtimmt wird; ſondern die reine praktiſche Vernunft, aus der die Idee der Heiligkeit abſtammt, gebietet auch etwas, das derienigen Befriedigung ſinnlicher Bedürfniße, welche zur Glückſeligkeit weſentlich erforderlich iſt, gerade zu widerſpricht, und ſolche unmöglich macht. Die reine praktiſche Vernunft gebietet nämlich, daß wir uns in allem unſern Thun und Laßen blos durch die Form und Nothwendigkeit der praktiſchen Grundſätze beſtimmen laßen ſollen. Die Erfüllung dieſes Gebots enthält iederzeit einen Abbruch der Befriedigung unſerer Neigungen und Bedürfniße, weil dieſe Neigungen und die Selbſtliebe, die ſolche alle in ſich begreift, gar nicht die Befolgung eines Grundſatzes um ſeiner Form und Geſetzmäßigkeit willen zum Zweck haben. Die Sinnlichkeit verlangt vielmehr, daß wir uns in unſerm Thun und Laßen blos durch das Verhältniß, in welchem ein Obiekt zu dem Gefühl der Luſt und Unluſt ſteht, beſtimmen laßen, und ihre Grundſätze für das Begehren ſind insgeſammt von der Beſchaffenheit und Materie eines zu begehrenden Obiekts hergenommen. Jede Befriedigung der Forderungen der Sinnlichkeit und der Selbſtliebe thut daher der Erfüllung der Gebote der praktiſchen Vernunft Abbruch, und macht eine Aeußerung des Willens aus, die in uns nach dieſem Gebote gar nicht vorhanden ſeyn ſoll. Sittlichkeit und Glückſeligkeit (wenn man unter beyden dasienige verſteht, was die kritiſche Philoſophie darunter verſteht) ſind mithin in einem und demſelben Obiekte ſchlechterdings unvereinbar; denn die Sittlichkeit iſt

nur

nur durch eine Gesinnungsart möglich, die die Glückseligkeit unmöglich macht, und dem Besitze derselben nothwendiger weise Abbruch thut; die Glückseligkeit hingegen ist nur durch eine Gesinnungsart möglich, die der
Gesinnung, welche die Bedingung der Sittlichkeit ausmacht, gerade zu widerspricht. Wenn man also auch
den Begriff der Sittlichkeit nicht bis zur Idee der
Heiligkeit erhebt, sondern ihn in seiner Beziehung
auf den Willen eines eingeschränkten vernünftigen Wesens denkt, zu dessen Natur auch die Sinnlichkeit gehört, so kann doch die Sittlichkeit nicht zugleich in Verbindung mit dem vollständigen Besitz der Glückseligkeit bey einem solchen Wesen da seyn, und das Daseyn
dieser schließt nothwendig das Daseyn jener aus. (*)

3. Nachdem wir die Quellen kennen gelernt haben, aus welchen die beyden Elemente des höchsten
vollendeten Guts abstammen; so wird sich sehr leicht
beurtheilen laßen, ob es wohl wahr sey, was nicht allein in der philosophischen Religionslehre, sondern auch
in der Critik der praktischen Vernunft und in der Critik
der

(*) Hierdurch wird dasjenige noch bestätigt, was der Recensent der Reinholdischen Briefe in der allgemeinen deutschen Bibliothek über die Ungedenkbarkeit des höchsten
vollendeten Guts gesagt hat. Daß ich aber, indem ich
gesagt habe, die Maximen der Sittlichkeit und der Glückseligkeit seyen einander opponirt, etwas behauptet habe,
was mit der Critik der praktischen Vernunft vollkommen
übereinstimmt, wird jeder wißen, der sich mit dem Innhalte und den Resultaten dieser Critik nur einigermaßen
bekannt gemacht hat.

der Urtheilskraft von dem Verfaßer so oft vorgegeben wird, daß nämlich der Saß: Mache das höchste in der Welt mögliche Gut zu deinem Entzweck; von der reinen moralisch-gesetzgebenden Vernunft herrühre und als Gebot für den Menschen aufgestellt werde. Bey der Beurtheilung dieses Vorgebens muß man nämlich nur die beyden Elemente des höchsten vollendeten Guts gehörig von einander unterscheiden. Das Gebot: Sey heilig; oder vielmehr (denn Heiligkeit setzt einen Willen voraus, auf den die Sinnlichkeit gar keinen Einfluß haben kann; sie kann mithin dem Menschen durch das moralische Gesetz eigentlich auch nicht geboten worden seyn, indem dies Gebot eben so viel bedeuten würde, als: Mensch höre auf ein eingeschränktes moralisches Wesen, ein freyer Mensch zu seyn), strebe durch Aufbietung aller deiner Kräfte darnach, daß die bloße und reine Achtung des Sittengesetzes dein ganzes Thun und Laßen bestimme, und über alle Triebfedern deiner Handlungen, die aus der Selbstliebe herrühren, den Sieg davon trage; — Dieses Gebot stammt allerdings aus der reinen moralischgesetzgebenden Vernunft ab, und ist nur durch das Daseyn einer solchen Vernunft in uns möglich. Der zweyte Bestandtheil des Gebots, mache das höchste in der Welt mögliche Gut zu deinem Entzwecke aber, nämlich der Saß: Mache eine mit der Tugend vollkommen harmonirende Glückseligkeit zum Entzweck deines Thuns und Laßens, und nimm bey deinen Handlungen auf diese Glückseligkeit Rücksicht; kann unmöglich aus der reinen moralischgesetzgebenden Vernunft herrühren. Denn wie käme das heilige Moral-Gesetz, der Zeuge unsers höhern göttlichen Ur-

sprungs

sprungs und unserer Erhabenheit über die ganze Sinnenwelt, wie käme dieß darzu, uns die Befriedigung
deßen anzupreisen und anzurathen, wodurch wir mit
der Sinnenwelt in Verwandschaft stehen? Der Verfaßer sagt ja auch selbst; (*) das Moral-Gesetz gebietet unbedingt, und verlangt, daß wir bey der Ausübung
jeder besondern Pflicht von jedem Erfolg derselben abstrahiren, und aus diesem Erfolg durchaus keine Triebfeder zur Erfüllung unserer Pflicht hernehmen sollen.
Und an einem andern Orte (**) erklärt er jeden für einen Nichtswürdigen, der, um eine Pflicht zu erfüllen,
noch nöthig findet, sich nach einem Erfolg der Ausübung
der Pflicht umzusehen. Unmöglich kann sich die reine
moralischgesetzgebende Vernunft so sehr widersprechen,
daß sie dieienige Gesinnung, welche von derselben als
Triebfeder bey der Ausübung der besondern Pflichten
für Nichtswürdigkeit und für Entehrung unsers freyen
moralischen Charakters erklärt wird, als Triebfeder bey
dem Entschluß zur Ausübung unserer Pflichten überhaupt anempfähle und zur Pflicht machte. Woher
mag also wohl der zweyte Bestandtheil in dem Satze:
Mache das höchste in der Welt mögliche Gut zum Entzweck deines Thuns und Laßens; oder die anbefohlene
Rücksicht auf den angenehmen Erfolg unsers Rechtverhaltens rühren? lange brauchen wir nicht darnach zu
suchen, und in der mit mancherley Bedürfnißen versehenen sinnlichen Natur des Menschen treffen wir gewiß
seinen Ursprung an. Die unbedingten Gebote der

prakti-

(*) Vorrede zur philosophischen Religionslehre S. XI.
(**) Ebendaselbst S. V.

praktiſchen Vernunft ſind nämlich gar zu ſtrenge für die
Selbſtliebe, und enthalten durchaus nichts, was die
Zwecke dieſer begünſtigte; vielmehr gebieten ſie lauter
Einſchränkungen der Forderungen der Selbſtliebe.
Aber ſo unangenehm auch dem Menſchen, als Sinnen-
weſen, das ſtrenge Gebot der praktiſchen Vernunft ſeyn
mag; ſo kann er es doch nicht in ſich vertilgen, oder
den ſchuldigen Gehorſam gegen daßelbe ableugnen, denn
es ſtellt ſich mit ſeiner ganzen feyerlichen Maieſtät unmittelbar im Bewußtſeyn dar.   Er verſucht alſo zwiſchen dem ſtrengen Pflichtgebot und den eigennützigen
Forderungen der Selbſtliebe eine Ausſöhnung und Coalition hervorzubringen, und denkt daher zur pünktlichen
Erfüllung des Pflichtgebots einen Erfolg und Ausgang
hinzu, der die Befriedigung aller Wünſche und Forderungen der eigennützigen Selbſtliebe enthält.   Nachdem dieſe Coalition zu Stande gebracht worden iſt, ſo
überredet er ſich, daß, weil bey derſelben das Pflichtgebot doch immer noch den erſten Platz behalten hat und
nicht ausdrücklich den Forderungen der eigennützigen
Selbſtliebe untergeordnet worden iſt, die reine mora-
liſchgeſetzgebende Vernunft ſelbſt es ſey, die dieſe Coalition zu Stande gebracht habe, und daß dieſe Vernunft
zum Behuf der moraliſchen Eingeſchränktheit und der
natürlichen aus der Sinnlichkeit herrührenden Bedürfniſſe des Menſchen ihre Geſetzgebung ſelbſt erwei-
tere, und ſolchemnach die Rückſicht auf die liebenswür-
bigen und dem Intereße der Selbſtliebe angemeßenen
Folgen der pünktlichen Beobachtung des Pflichtgebots
unter ihre Vorſchriften nehme, oder dieſe Folgen
selbſt

selbst hervorzubringen anbefehle. Es ist daher auch
vollkommen wahr, was in der Vorrede zur philosophischen Religionslehre S. VIII. behauptet wird, daß der
Mensch, der sich die Frage beyfallen läßt, welche Welt
er wohl durch die praktische Vernunft geleitet erschaffen
würde, wenn es in seinem Vermögen wäre, nur eine
solche wählen würde, in welcher die Idee vom höchsten
vollendeten Gut realisirt vorkommt, gesetzt auch daß er
für seine Person in einer solchen Welt wegen des Mangels an Tugend an Glückseligkeit sehr viel einbüßte.
Wenn nämlich der Mensch bey der Frage; Welche
Welt er als wirklich wünsche? auf die beyden Bestandtheile seiner Natur, auf die moralische Vernunft und
auf die aus der Sinnlichkeit entspringende Selbstliebe
Rücksicht nimmt; so wird er eine solche Welt verlangen,
in der durch die Erfüllung des Pflichtgebots das Intereße der Selbstliebe im Ganzen genommen keinen
Abbruch leidet, und in der also sowohl der Zweck der
praktischen Vernunft als auch der Zweck der Selbstliebe, oder das höchste vollendete Gut, als realisirt
vorkommt. Wenn hingegen der Mensch bey der Frage: Welche Welt er wohl erschaffen würde, wenn es in
seiner Gewalt wäre? blos und allein die moralischgesetzgebende Vernunft und deren Zweck befragt, von seiner
Sinnlichkeit und von deren Bedürfnißen aber dabey
gänzlich abstrahirt; so wird er sich für die Hervorbringung einer Welt bestimmen, in der alles mit der reinen
moralischen Gesetzgebung vollkommen und nothwendig
harmonirt, und in der die Bedürfniße der Sinnlichkeit
gar nicht gefühlt werden, mithin auch keiner Befriedigung

gung fähig sind. (*) Eben so würde auch der Mensch, wenn er bey der Frage: Welche Welt er als wirklich wünsche? blos auf seine sinnliche Natur Rücksicht nähme, und von den Geboten der praktischen Vernunft gänzlich abstrahirte, eine solche Welt erwählen, in welcher ohne alle Beziehung auf moralisches Verdienst iedes der Glückseligkeit fähige Wesen, nach dem Grade der Empfänglichkeit für Glückseligkeit, derselben auch wirklich theilhaftig würde; denn eine solche Welt stimmt mit den Neigungen der Sinnlichkeit und der Selbstliebe am vollkommensten überein.

4. Wenn daher auch die Voraussetzung des Daseyns eines moralischen und allvermögenden Urhebers der Welt um die Möglichkeit der Realisirung des höchsten Guts sich denken zu können erforderlich seyn sollte, welches nachher noch untersucht werden soll; so kann man doch unmöglich sagen; die Moral führe unumgänglich zur Religion, und es sey in moralischer Rücksicht nothwendig, einen Gott zu glauben. Die Moral, als Wißenschaft der unbedingt gebietenden Gesetze der Vernunft, weis nämlich von keinem Erfolg unsers Rechtverhaltens etwas, der für die Selbstliebe angenehm wäre; sie befiehlt vielmehr bey der Ausübung der Pflicht auf den Erfolg davon gar nicht Rücksicht zu nehmen,

(*) In der Grundlegung zur Metaphysik der Sitten S. 65. sagt daher auch der Verfaßer mit Recht: der allgemeine Wunsch iedes vernünftigen Wesens muß seyn, von allen Neigungen und Bedürfnißen gänzlich frey zu seyn.

nehmen, und lediglich die Ehrfurcht gegen das moralische Gesetz zur Triebfeder alles Thuns und Laßens durch
Freyheit zu erheben. Wenn daher der Mensch so seyn
will, wie er seyn soll, so muß er sich blos an das moralische Gebot der reinen Vernunft halten, ohne sich
im geringsten nach dem Erfolg der Ausübung dieses
Gebots umzusehen, und dies letztere würde den Gehorsam gegen das Sittengesetz sogleich um alles moralische
Verdienst bringen. Da nun der Satz: Mache das
höchste in der Welt mögliche Gut zu deinem Entzweck;
(auf deßen moralische Nothwendigkeit nach der kritischen Philosophie auch der Glaube an Gott sich stützt)
ausdrücklich gebietet, uns durch den für unsere Selbstliebe angenehmen Erfolg unsers moralischen Thuns und
Laßens zur Beobachtung unserer Pflichten bestimmen
zu laßen, und da dieser Satz Triebfedern für das pflicht-
mäßige Verhalten aufstellt und anpreißt, die den Triebfedern widersprechen, welche die reine moralischgesetzgebende Vernunft uns bey unserm Thun und Laßen vorschreibt; so ist dieser Satz, als Norm unsers Verhaltens, mit einer reinen moralischen Gesinnung, wie solche die praktische Vernunft gebietet, schlechterdings unvereinbar, und wenn ein Mensch ihn in seine Gesinnung aufnimmt, so muß daraus der Verlust der wahren und vor dem Richterstuhl unsers Gewißens allein
giltigen Tugend nothwendig erfolgen. — Hieraus ergiebt sich aber zugleich auch, daß eine Philosophie, welche den Satz: Mache das höchste in der Welt mögliche
Gut zum Entzweck deines Thuns und Laßens; für einen moralisch giltigen Grundsatz ausgiebt, und ihn als
Gebot der moralischgesetzgebenden Vernunft aufstellt,

die

die ganze Sittenlehre zu einer blossen Glückseligkeits-
Klugheits = lehre erniedrige, und in moralischer Rücksicht vom Menschen nichts weiter fordere, als blos den
äußern Anschein der Tugend und Rechtschaffenheit. Ob
man nämlich bey der Ausübung der Pflicht auf den Nutzen für die Selbstliebe, den diese Ausübung einzeln genommen haben wird, oder ob man dabey auf den Nutzen sieht, den unser durch die Pflicht gebotenes Verhalten im Ganzen genommen für die Selbstliebe haben
wird, das läuft am Ende auf eins hinaus, und jene
Denkart ist gar nicht specifisch von dieser unterschieden.
Allenfalls könnte man sagen, daß die letztere Denkart
mehr wahre Klugheit enthalte, als die erstere, weil
doch die Rücksicht auf das vollendete Ganze unserer
künftigen Glückseligkeit einen stärkern Antrieb zur Beobachtung unserer Pflicht enthalte, als die Rücksicht auf
den Vortheil, der mit der Ausübung ieder besondern
Pflicht verbunden ist, und der vielleicht den Nutzen
nicht allezeit überwiegen mögte, der mit der Unterlas-
sung der Pflicht verbunden seyn könnte. Allerdings
hilft also die kritische Moral-Theologie, indem sie uns
die Hofnung eines sehr erfreulichen Ausgangs unsers
Rechtverhaltens verschafft, und diese Hofnung zur
Triebfeder des Gehorsams gegen die Gebote der Pflicht
zu erheben gestattet, einem natürlichen, aus der Selbstliebe herrührenden Hindernisse bey der Entschließung zu
diesem Gehorsam ab, und macht dadurch die Pflicht, die
in ihrer Reinigkeit genommen nur Ehrfurcht einflößt,
zu einem Gegenstande, den wir lieben können. Allein
leider! wird durch die Aufhebung dieser Hindernisse,
wie solche die Moral-Theologie bewerkstelligt, die wahre,

C   allein

allein durch einen gegen die moralischen Gesetze unbe=
dingten Gehorsam mögliche Tugend auch mit auf=
gehoben.

5. „Aber alle diese Bemerkungen über die Moral=
Theologie und über deren Unvereinbarkeit mit der rei=
nen moralischen Gesinnung, die das Sittengesetz gebie=
tet, höre ich hierbey manchen einwenden, gründen sich
ja offenbar auf eine grobe Verdrehung der Grundlehren
der Moral=Theologie, und können daher nur denieni=
gen irre machen, der diese Grundlehren nicht verstan=
den hat. Denn erstens wird in der Moral=Theo=
logie die Glückseligkeit von der Tugend abhängig ge=
macht, und jene dieser subordinirt. Es muß daher
derjenige Mensch, der sich die Realisirung des höch=
sten vollendeten Guts zum Zweck seines moralischen
Thuns und Laßens gemacht hat, die reine moralische
Gesinnung schon angenommen haben, und in sittlichen
Grundsätzen bereits befestiget seyn. Derjenige Mensch
hingegen, der die Grundsätze des moralisch Guten noch
nicht in seine Gesinnung aufgenommen hat, strebt nach
dem Besitz einer Glückseligkeit, die ohne alle Beziehung
auf Sittlichkeit dem Menschen zu Theil wird, und
das Bestreben, tugendhaft zu seyn, gar nicht zur Be=
dingung hat. Man hat daher auch schon mit Recht
behauptet, daß nur ein bereits moralisch gebeßerter
Mensch durch die Moral=Theologie zum Glauben an
Gott geführt werden könne, weil allein dieser vermöge
seiner schon gebeßerten Gesinnung das Bedürfniß, durch
die Vorstellung von der Wirklichkeit des höchsten voll=
endeten Guts in seinem Bestreben, gegen das Gebot

der

der Pflicht den pünktlichsten Gehorsam zu beweisen, ge-
stärkt zu werden, innigst fühlt. Zweytens kann es
dem Menschen vermöge seiner sinnlichen Natur und
vermöge der unvertilgbaren Bedürfnisse und Forderungen derselben niemals zugemuthet werden, daß er auf
das Bestreben nach Glückseligkeit iemals gänzlich Verzicht thue; und eine Sittenlehre, die diese Zumuthung
enthielte, würde gar keinen Einfluß auf den menschlichen Willen haben können, indem sie die sinnliche Natur, die der Mensch doch einmal nicht gänzlich verleugnen oder gar vertilgen kann, mit der moralisch vernünftigen Natur eben deßelben in einen Streit versetzte, bey
dem diese gewiß unterliegen würde. Dieser Streit der
beyden wesentlichen Bestandtheile in der Natur des
Menschen kann nicht dadurch beygelegt werden, daß
man ein Zusammentreffen ieder Beobachtung des Pflichtgebots mit den Bedürfnißen der Sinnlichkeit im gegenwärtigen Leben annimmt, und sich iene Beobachtung
als hervorbringende Ursache alles desienigen denkt, was
iedesmal den Bedürfnißen und Wünschen der Sinnlichkeit angemeßen ist, indem ein solches Zusammentreffen der Beobachtung des Pflichtgebots mit den Bedürfnißen der Sinnlichkeit mit der Erfahrung streitet,
nach welcher vielmehr derienige, der seiner Pflicht ein
Genüge thut, mancherley Unannehmlichkeiten des Lebens auszustehen hat, und sich auf manche Verminderung seiner Glückseligkeit gefaßt machen muß. Wohl
aber hebt diesen Streit die Idee von der Wirklichkeit
des höchsten vollendeten Guts in der Welt auf. Diese
Idee eröfnet uns nämlich die Aussicht in eine Zukunft,
in welcher die Tugend mit der Glückseligkeit aufs voll-

kommenste

kommenste und nothwendig harmonirt, und in welcher
also auch der sinnlichen Natur eingeschränkter moralischer
Wesen völlige Befriedigung zu Theil werden wird.
Die Annahme der Wirklichkeit des höchsten vollendeten
Guts in der Welt ist mithin nebst der Annahme alles
dessen, was zur Bedingung dieser Wirklichkeit gehört,
moralisch nothwendig und hat praktische Realität, indem
sie den aus der sinnlichen Natur des Menschen herrührenden Hindernißen der Entschließung, moralisch gut
zu werden, abhilft, ohne doch diese Entschließung durch
die Aufstellung solcher Triebfedern zu verderben, welche
die moralische Güte unserer Handlungen zerstören."

— — — Nun ist es zwar wahr, daß in der Idee
des höchsten vollendeten Guts, so wie solche die kritische
Philosophie bestimmt, die Glückseligkeit als abhängig
von dem Bestreben, sittlich gut zu seyn, gedacht, und
dieses Bestreben als die nothwendige Bedingung angegeben wird, unter der wir allererst hoffen dürfen, zum
Besitz einer vollendeten Glückseligkeit zu gelangen. In
so ferne scheint es auch allerdings, als wenn die Rücksicht auf die künftige Realisirung der Idee des höchsten
vollendeten Guts bey unserm Thun und Laßen mit der
ächten moralischen Gesinnung, die zur Ausübung des
Geistes des Sittengesetzes nothwendig erforderlich ist,
vollkommen bestehen könnte; ia sogar diese Gesinnung
als bereits In uns vorhanden voraussetze. Allein man
muß bey dieser Sache sich nur nicht durch bloße Worte
täuschen laßen, und bey der Frage: Ob die Vorstellung von der künftigen Wirklichkeit des höchsten vollendeten Guts in der Welt die moralisch gute, durch das

Gebot

Gebot der praktischen Vernunft befohlne Gesinnung ver=
derbe oder nicht? vorzüglich darauf Rückſicht nehmen,
ob iene Vorſtellung zur Triebfeder unſers Thuns und
Laßens erhoben werde, oder nicht. Nun ſagt der Ver=
faßer der philoſophiſchen Religionslehre ausdrücklich;
die Vorſtellung von der künftigen Wirklichkeit des höch=
ſten vollendeten Guts in der Welt müße als Mittel ge=
braucht werden, um die Hinderniße aufzuheben, die
bey der Entſchließung, moraliſch gut zu ſeyn, vorkom=
men, und aus der ſinnlichen Natur des Menſchen her=
rühren. Eben derſelbe ſagt ferner, es ſey um der Ein=
ſchränkung des moraliſchen Vernunftvermögens willen
erlaubt, die Vorſtellung von der künftigen Wirklichkeit
des höchſten vollendeten Guts in der Welt unter die
Beſtimmungsgründe des Willens bey unſerm Thun
und Laßen aufzunehmen. Derienige Menſch aber, der
dieſe Vorſtellung unter die Beſtimmungsgründe ſeines
Willens aufnimmt, entſchließt ſich zur Beobachtung des
Sittengeſetzes nur deßwegen, weil durch dieſe Beobach=
tung ihm bereinſt eine vollendete Glückſeligkeit zu Theil
werden wird, und derſelbe würde, im Fall mit der Be=
obachtung des Pflichtgebots kein der Sinnlichkeit ange=
nehmer Erfolg verbunden wäre, zu dieſer Beobachtung
ſich auch gar nicht entſchließen. Eine ſolche Denkungs=
art iſt aber nach der kritiſchen Philoſophie wahre Nichts=
würdigkeit, und gerade das Gegentheil von derienigen
Denkungsart, die nach den Lehrſätzen dieſer Philoſophie
durch das moraliſche Geſetz gefordert wird, und den
wahren Charakter der Sittlichkeit und Tugend aus=
macht. Was würden wir auch urtheilen, wenn Je=
mand uns ſeine Rechtſchaffenheit und ſeine uneigennü=

ßige

zige Beobachtung des Sittengesetzes dadurch beweisen wollte, daß er sagte: Ich beobachte alle Gebote der Pflicht aufs strengste, denn ich glaube, daß ich dereinst durch die Tugend der vollkommensten Glückseligkeit werde theilhaftig werden, und dieser Glaube ist der Grund, der mich in allem meinen Thun und Laßen bestimmt, oder macht die einzige Triebfeder meines Begehrens und Verabscheuens aus? Wir würden demjenigen, der auf diese Art uns seine Rechtschaffenheit beweisen und anpreisen wollte, gewiß gerade ins Gesichte lachen und ihm erklären, daß seine gerühmte Rechtschaffenheit nichts, als lauter Eigennutz und Nichtswürdigkeit sey. Doch es hat sich bisietzt noch kein einziger Philosoph über die Unvereinbarkeit der Triebfedern des Handelns, die von der Beschaffenheit und dem Erfolg des begehrten Obiekts herrühren, mit denienigen Triebfedern, die durch das Sittengesetz vorgeschrieben werden, so stark und nachdrücklich erklärt, als der Erfinder der Moral-Theologie selbst; ich will also diesen iezt reden und über die Beschaffenheit der Bestimmungsgründe des Willens urtheilen laßen, die von dem Erfolg unserer Tugend hergenommen worden sind. „Die Autonomie des Willens, wird in der Critik der praktischen Vernunft S. 58. ff. gesagt, ist das alleinige Princip aller moralischen Gesetze und der ihnen gemäßen Pflichten: Alle Heteronomie der Willkühr gründet dagegen nicht allein gar keine Verbindlichkeit, sondern ist vielmehr dem Princip derselben und der Sittlichkeit des Willens entgegen. In der Unabhängigkeit nämlich von aller Materie des Gesetzes (vor einem begehrten Obiekt) und zugleich doch in der Bestimmung

der

der Willkühr durch die bloße allgemeine gesetzgebende
Form, deren eine Maxime fähig seyn muß, besteht
das alleinige Princip der Sittlichkeit. Jene Unabhängigkeit aber ist Freyheit im negativen, diese eigene Gesetzgebung aber der reinen, und als solcher,
praktischen Vernunft, ist Freyheit im positiven Verstande. Also drückt das moralische Gesetz nichts anders
aus, als die Autonomie der reinen praktischen Vernunft, d. i. der Freyheit, und diese ist selbst die formale
Bedingung aller Maximen, unter der sie allein mit
dem obersten praktischen Gesetze zusammenstimmen können. Wenn daher die Materie des Wollens, welche
nichts anders, als das Objekt einer Begierde seyn
kann, die mit dem Gesetz verbunden wird, in das praktische Gesetz als Bedingung der Möglichkeit desselben
hineinkommt, so wird daraus Heteronomie der Willkühr, nämlich Abhängigkeit vom Naturgesetze, irgend
einem Antriebe oder einer Neigung zu folgen, und der
Wille giebt sich nicht selbst das Gesetz, sondern nur die
Vorschrift zur vernünftigen Befolgung pathologischer
Gesetze; die Maxime aber, die auf solche Weise niemals die allgemeingesetzgebende Form in sich enthalten
kann, stiftet auf diese Weise nicht allein keine Verbindlichkeit, sondern ist selbst dem Princip einer reinen praktischen Vernunft, hiermit also auch der sittlichen Gesinnung entgegen, wenn gleich die Handlung die daraus
entspringt, gesetzmäßig seyn sollte. — Zum praktischen Gesetze muß also niemals eine praktische Vorschrift
gezählt werden, die eine materiale (mithin empirische)
Bedingung bey sich führt. Denn das Gesetz des reinen Willens, der frey ist, setzt diesen in eine ganz an-

dere

dere Sphäre, als die empirische, und die Nothwendigkeit, die es ausdrückt, da sie keine Naturnothwendigkeit seyn soll, kann also blos in formalen Bedingungen der Möglichkeit eines Gesetzes überhaupt bestehen.
Alle Materie praktischer Regeln beruht immer auf subiektiven Bedingungen, die ihr keine Allgemeinheit für
vernünftige Wesen, als lediglich die bedingte, (im Fall
ich dieses oder ienes begehre, was ich alsdann thun
müße, um es wirklich zu machen) verschaffen, und sie
drehen sich insgesammt um das Princip der eigenen
Glückseligkeit. Nun ist freylich unleugbar, daß alles
Wollen einen Gegenstand, mithin eine Materie haben
müße; aber diese ist darum nicht eben der Bestimmungsgrund und die Bedingung der Maxime; denn ist sie
es, so läßt diese sich nicht in allgemein gesetzgebender
Form darstellen, weil die Erwartung der Existenz des
Gegenstandes alsdenn die bestimmende Ursache der Willkühr seyn würde, und die Abhängigkeit des Begehrungsvermögens von der Existenz irgend einer Sache dem
Wollen zum Grunde gelegt werden müßte, welche immer nur in empirischen Bedingungen gesucht werden,
und daher niemals den Grund zu einer nothwendigen
und allgemeinen Regel abgeben kann. — Das gerade
Widerspiel des Princips der Sittlichkeit ist: wenn das
der eigenen Glückseligkeit zum Bestimmungsgrunde
des Willens gemacht wird, wozu alles überhaupt gezählt werden muß, was den Bestimmungsgrund, der
zum Gesetze dienen soll, irgend worin anders, als in
der gesetzgebenden Form der Maxime setzt. Dieser Widerstreit ist aber nicht blos logisch, wie der zwischen empirisch bedingten Regeln, die man doch zu nothwendigen,

Er-

Erkentnißprincipien erheben wollte, sondern praktisch, und würde, wäre nicht die Stimme der Vernunft in Beziehung auf den Willen so deutlich, so unüberschreybar, selbst für den gemeinen Menschen so vernehmlich, die Sittlichkeit gänzlich zu Grunde richten; so aber kann sie sich nur noch in den Kopfverwirrenden Spekulationen der Schulen erhalten, die dreist genug seyn, sich gegen iene himmlische Stimme taub zu machen, um eine Theorie, die Kopfbrechen kostet, aufrecht zu erhalten.—Das Princip der Glückseligkeit kann zwar Maximen, aber niemals solche abgeben, die zu Gesetzen des Willens tauglich wären, selbst wenn man sich die allgemeine Glückseligkeit zum Obiekte machte. Denn, weil dieser ihre Erkentniß auf lauter Erfahrungsbatis beruht, weil iedes Urtheil darüber gar sehr von iedes seiner Meynung, die noch darzu selbst sehr veränderlich ist, abhängt, so kann es wohl generelle, aber niemals universelle Regeln, d. i. solche, die im Durchschnitt am öftersten zutreffen, nicht aber solche, die ieder zeit und nothwendig giltig seyn müßen, geben, mithin können keine praktischen Gesetze darauf gegründet werden. Eben darum, weil hier ein Obiekt der Willkühr der Regel derselben zum Grunde gelegt und also vor dieser vorhergehen muß, so kann diese nicht worauf anders, als auf das, was man empfiehlt, und also auf Erfahrung bezogen und darauf gegründet werden, und da muß die Verschiedenheit des Urtheils endlos seyn. Dieses Princip schreibt also nicht allen vernünftigen Wesen eben dieselben praktischen Regeln vor, ob sie gleich unter einem gemeinsamen Titel, nämlich dem der Glückseligkeit, stehen. Das moralische Gesetz wird aber

C 5 nur

nur darum als objektiv nothwendig gedacht, weil es
für jedermann gelten soll, der Vernunft und Willen
hat. — Critik der prakt. Vern. S. 145. Es ist von
der größten Wichtigkeit in allen moralischen Beurthei-
lungen auf das subjektive Princip aller Maximen mit
der äußersten Genauigkeit Acht zu haben, damit alle
Moralität der Handlungen in der Nothwendigkeit derselben aus Pflicht und aus Achtung fürs Gesetz, nicht
aus Liebe und Zuneigung zu dem, was die
Handlungen hervorbringen sollen, gesetzt werde."
Die Anwendung deßen, was in dieser Stelle über
die mit den Geboten der praktischgesetzgebenden Vernunft schlechterdings unvereinbaren, aus der Beschaf-
senheit eines Objekts und aus dem Erfolg unsers Betragens hergenommenen empirischen Bestimmungsgrunde des Willens gesagt wird, auf diejenigen Gründe, welche nach der kritischen Philosophie die Vorausssetzung der Wirklichkeit des höchsten vollendeten Guts in
der Welt nothwendig machen sollen, und auf die Beschaffenheit der Triebfedern der Willensbestimmung,
die aus dieser Voraussetzung entlehnt werden, ist so
leicht, daß ich derselben füglich überhoben seyn kann;
denn beynahe sollte man daran zweifeln, daß jene aus
der Critik der praktischen Vernunft angeführte Stelle,
und das, was in der Vorrede zur philosophischen Religionslehre über die Moralität der Triebfedern der Beobachtung des moralischen Gesetzes, welche aus den Bedürfnißen der sinnlichen Natur des Menschen herstam-
men, gesagt wird, von einem und demselben Verfaßer
herrühre. ——— Was nun die zweyte Erinnerung betrifft, daß nämlich der Mensch die Bedürfniße seiner

sinnlichen

ſinnlichen Natur niemals gänzlich verleugnen könne, und
daß mithin eine Moral, die dem Menſchen gar keine
Ausſicht auf den Beſitz der Glückſeligkeit verſchafft,
nothwendigerweiſe einen Streit zwiſchen der ſinnlichen
und moraliſchvernünftigen Natur des Menſchen veran-
laßen müße, durch welchen der Entſchluß, den moraliſchen Geſetzen Gehorſam zu leiſten, ganz unmöglich gemacht wird; ſo könnte ich dieſe Erinnerung blos mit
dem Grundſatze, welcher in der kritiſchen Philoſophie
ſo oft gebraucht wird, widerlegen: Der Menſch ſoll
den Forderungen des moraliſchen Geſetzes Genüge thun,
er muß es mithin auch können. (*) Denn wenn dieſer Grundſatz wahr iſt, ſo braucht man bey der Auf-
ſtellung einer Moral und ihrer unbedingt gebietenden
Geſetze auf die Einwendungen nicht Rückſicht zu nehmen, welche etwa die ſinnliche Natur im Menſchen gegen

(*) In der Critik der praktiſchen Vernunft wird S. 64,
daher auch geſagt: Dem categoriſchen Gebote der Sittlichkeit Genüge zu thun, iſt in iedes Gewalt zu allerZeit.
Aus dem Schluße von dem Gebot der Heiligkeit auf den
ins Unendliche gehenden Progreßus zur völligen Ueber-
einſtimmung mit dem Sittengeſetze und aus dem Schluße
von dieſem Progreßus auf die Unſterblichkeit unſerer Seele,
Critik der praktiſchen Vernunft S. 220. ſieht man iedoch,
daß der Schluß vom Sollen aufs Können, ohngeachtet er von dem Verfaßer der kritiſchen Philoſophie mehr-
rentheils ganz unbedingt gebraucht wird, ſelbſt nach
dieſer Philoſophie nur mit gewißen Einſchränkungen giltig
ſeyn könne; denn ließe ſich allgemein von dem Sollen
aufs Können ſchließen, ſo brauchte die Unſterblichkeit
der Seele nicht erſt vorausgeſetzt zu werden, um die Möglichkeit

gen die Möglichkeit, solchen Gesetzen eine vollkommene
Genüge zu thun, vorbringen mögte. Da es inzwischen
von mir nicht aufrichtig gemeynt seyn würde, wenn ich
mich auf diesen meiner Einsicht nach noch vieler Bestimmungen und Einschränkungen bedürftigen Grundsatz, wenn er als wahr soll angenommen werden, berufen wollte; so will ich zur Beleuchtung der zweyten
Erinnerung noch folgendes anführen. — Es ist allerdings nicht zu leugnen, daß der Mensch auf die Befriedigung der Bedürfniße seiner sinnlichen Natur niemals gänzlich Verzicht thun kann. Wenn daher der
Entschluß, moralisch gut zu werden, eine solche Ver-
zichtthuung in sich schlöße und nothwendig erforderte,
so würde die Stimme der moralischgesetzgebenden Vernunft, gesetzt auch, daß sie noch stärker wäre, als sie
schon wirklich ist, wohl niemals Gehör bey dem Menschen finden, und er würde seinen gänzlichen Ungehor-
                                                    sam

lichkeit der völligen Angemeßenheit unsers Willens zum
moralischen Gesetze darzuthun; sondern diese Möglichkeit
könnte auch ohne die Voraussetzung der Unsterblichkeit der
Seele statt finden und angenommen werden, weil es
nach den Vorschriften der praktischen Vernunft ein Gebot
seyn soll, daß wir heilig seyn sollen. Das Nämliche erhellet auch aus dem Schluße vom Gebot, das höchste
vollendete Gut in der Welt zu realisiren, auf das Daseyn
Gottes; indem, wenn der Schluß vom Sollen aufs
Können unbedingt giltig wäre, ieder Mensch, wenn
es wahr ist, daß er das höchste vollendete Gut realisiren
soll, annehmen müßte, daß er auch unmittelbar das
Vermögen selbst besäße, dieses höchste Gut realisiren zu
können.

sam gegen das Gebot dieser Vernunft immer mit den
unvertilgbaren Bedürfnißen seiner Sinnlichkeit, die er,
als zu seiner Natur gehörig, gar nicht zu verantwor-
ten braucht, entschuldigen. Es ist ferner wahr, daß
die Tugend im gegenwärtigen Leben nicht nothwendig
die Existenz alles deßen herbeyschafft, was zur Befriedigung der Bedürfniße unserer sinnlichen Natur erforderlich ist, und der moralisch gut gesinnte Mensch muß
sich manches Vergnügen versagen, wozu er wohl Neigung hat, und der Befriedigung seiner aus der Sinnlichkeit herrührenden Wünsche, indem er dem Gebote
der Pflicht Genüge thun will, beständig Abbruch thun.
Allein deßwegen kann man doch noch nicht behaupten,
daß die Gebote der moralischgesetzgebenden Vernunft
und die Forderungen der Sinnlichkeit iederzeit und
nothwendiger Weise in Ansehung ihrer Obiekte im Widerspruch mit einander ständen, und daß dieser Widerspruch, der allen Entschluß tugendhaft zu seyn, unmöglich mache, nur erst durch die Hofnung der Wirklichkeit des höchsten vollendeten Guts aufgehoben werden könne. Es komme nämlich hierbey alles darauf
an, daß man sich die Beziehung des Pflichtgebots zu
den sinnlichen Bedürfnißen des Menschen vollständig,
und nicht etwa einseitig denke. Nun bezieht sich zwar
iede Pflicht iederzeit auch auf eine vorhandene Neigung,
und gebietet die Einschränkung dieser. Jede Pflicht
thut in so fern auch der Befriedigung unserer Neigungen Abbruch, und kann daher nie ein Gegenstand der
Zuneigung seyn. Allein das moralische Gesetz verlangt
keinesweges, daß wir alle Neigungen unserer sinnlichen Natur unbefriedigt laßen, und auf ieden angeneh-

men

men Lebensgenuß Verzicht thun sollen, und wer dieß behauptet, hat sicher die Forderungen des moralischen Gesetzes mißverstanden. Vielmehr erlaubt das moralische Gesetz die Befriedigung sehr vieler Neigungen, (iedoch nicht um ihrer selbst willen) und verbietet nur diejenigen Handlungen, deren Maxime einen Widerspruch enthält oder auf Widersprüche führt. Derienige Mensch also, der sich der Tugend weihet, thut dadurch keinesweges auf allen frohen Lebensgenuß, und auf iede Befriedigung seiner ietzigen und künftigen Bedürfniße gänzlich Verzicht. Vielmehr ist die Tugend selbst eine nothwendige Bedingung bey allem frohen Lebensgenuß, indem sie die Selbstzufriedenheit erzeugt, ohne welche für den nur einigermaaßen gebildeten Menschen kein ungestörter Genuß irgend einer Freude möglich ist. Das Mißvergnügen aber, das der tugendhafte Mensch sich durch die Unterordnung des Princips der eigenen Glückseligkeit unter die Maxime der Tugend zuziehet, erhält er durch die edlen Freuden des Bewußtseyns, seine Pflicht gethan zu haben, hinlänglichen Ersatz, und diese Freuden werden in eben dem Grade beglückender für ihn, als er ohne alle Rücksicht auf einen frühern oder spätern angenehmen Erfolg seines Verhaltens seine Pflicht gethan hat. Der Entschluß zur Tugend schließt also keinesweges eine gänzliche Verzichthuung auf alle physische Glückseligkeit in sich, noch führt er auch zu einem gänzlich freudenleeren Leben; vielmehr muß sogar die Klugheit dem, der einen frohen Lebensgenuß zum Hauptzweck seines Handelns macht, anräthig seyn, daß er die Gebote der Pflicht befolge, und sich dadurch gegen die Uebel sichere, welche mehrentheils

rentheils auf das Laster folgen, und mit manchen Arten deßelben in nothwendiger Verbindung stehen. Mithin bedarf es auch nicht der Vorstellung von der Wirklichkeit des höchsten vollendeten Guts in der Welt, um den Entschluß zur Tugend allererst im Menschen möglich zu machen. Vielmehr würde diese Vorstellung, wenn sie zur Triebfeder der Beobachtung des Pflichtgebots erhoben würde, anstatt wahre Tugend und den Entschluß darzu möglich zu machen, alle Tugend untergraben und zernichten; indem, wie oben gezeigt worden ist, derjenige Mensch, der um der Wirklichkeit des höchsten vollendeten Guts in der Welt willen seine Pflicht thut, noch ein Sklave der Sinnlichkeit ist, und eigentlich blos aus Lohnsucht thut, was die praktische Vernunft aus reiner und uneigennütziger Achtung gegen das moralische Gesetz zu thun gebietet. (*)

6. Was die Behauptung betrifft, daß der Satz: Mache das höchste in der Welt mögliche Gut zu deinem

nem

(*) Es hat mit dem moralischen Werthe des Entschlußes, seine Pflicht zu thun, der aus der Hofnung der künftigen Wirklichkeit des höchsten vollendeten Guts in der Welt herrührt, dieselbe Bewandniß, wie mit dem moralischen Werthe dieses Entschlußes, wenn er aus der Vorstellung der Zufriedenheit und des Vergnügens herrührt, welche im Bewußtseyn der Tugend unmittelbar enthalten seyn sollen; und es ist zwischen jenem Entschluß und diesem weiter kein Unterschied, als daß jener aus der Erwartung einer erst künftigen, aber ganz vollendeten Glückseligkeit, dieser hingegen aus der Hofnung einer unmittelbaren, jedoch die Bedürfniße der Sinnlichkeit nicht vollständig befriedigenden Belohnung abstammt.

nem Endzwecke; ein synthetischer Satz a priori sey, und das Princip a priori der Erkentniß der Bestimmungsgründe einer freyen Willkühr in der Erfahrung überhaupt enthalte; so kann ich der Prüfung derselben füglich überhoben seyn, indem sie in demienigen gar nichts ändert, was bisher über das Verhältniß der Vorstellung von der Wirklichkeit des höchsten vollendeten Guts, als Triebfeder des Handelns, zur reinen moralischen Gesinnung, die die moralischgesetzgebende Vernunft gebietet, gesagt worden ist, vielmehr dasselbe sogar noch bestätiget; denn die Gründe, welche die Handlungen des Menschen, als eines Gegenstandes der Erfahrung bestimmen, sind specifisch verschieden von denienigen Gründen, durch welche sich der Mensch als ein moralischfreyes Wesen soll bestimmen laßen. Freylich könnte man bey dieser Behauptung der philosophischen Religionslehre noch die Fragen aufwerfen: a) Wie es möglich sey, daß das moralische Gesetz zugleich auch ein Princip a priori für die Erkentniß eines Gegenstandes in der Erfahrung abgeben könne, und ob die Annahme dieser Möglichkeit nicht eine Vermengung der praktischen Vernunft mit der theoretischen, welche letztere allein für die Erkentniß gesetzgebend ist, enthalte? b) Wie es möglich sey, daß die Erfahrung dem moralischen Gesetze und dem Begriffe der Sittlichkeit, welche auf das Vermögen der Freyheit Beziehung haben, das uns in eine blos intelligible Ordnung der Dinge versetzt, und dessen Gesetze den Naturgesetzen gar nicht beygezählt werden dürfen, obiektive Realität verschaffen könne, da die Handlungen des Menschen als eines Gegenstandes der Erfahrung, insgesammt blos

durch)

durch Neigungen bestimmt gedacht werden müßen? Allein obgleich zur Beantwortung der erstern Frage in den bis ietzt herausgekommenen Schriften des Königsbergischen Weltweisen noch gar nichts mitgetheilt worden ist, und wahrscheinlich erst künftig mitgetheilt werden soll; so hat doch die Beantwortung der zweyten Frage gar keine Schwierigkeit, indem der Verfaßer selbst sagt, daß der Zweck, das höchste vollendete Gut zu bewirken, dem Begriff der Sittlichkeit als Kaüsalität in der Welt nur in so fern obiektive Realität verschaffe, als überhaupt genommen, etwas am Menschen in der Erfahrung Vorkommendes für ein Produkt der Freyheit gehalten werden kann. Die Erhebung des vorgeblich moralischen Gesses: Mache das höchste in der Welt mögliche Gut zu deinem Entzwecke; zu einem Erkentnißprincip der Erfahrung will also ganz und gar nicht sagen, daß der Gebrauch der Freyheit und die reine vom uneigennützigen Gehorsam gegen das moralische Gesetz abhängige Sittlichkeit einen Gegenstand der Erfahrung ausmachten, oder als in einer Erfahrung enthalten erkennbar wären.

Das bisher Gesagte betrifft das Verhältniß der Hofnung von der Wirklichkeit des höchsten in der Welt möglichen Guts, als eines Bestimmungsgrundes der freyen Willkühr, zur reinen moralischen Gesinnung, die durch das Gesetz der praktischen Vernunft geboten worden ist, und ich hoffe allen sachkundigen und unparteyischen Lesern dargethan zu haben, daß iene Hofnung,

D   als

als Triebfeber des Handelns, weil sie in der Selbstliebe ihren Grund hat, und eine von der Beschaffenheit der Materie der Handlungen herrührende Triebfeder ist, mit dieser reinen pflichtmäßigen Gesinnung in
geradem Widerspruche stehe, und dieselbe gänzlich ver-
tilge. (*) Da nun aber die Moral-Theologie eine
ganz eigene Beschaffenheit hat, und in derselben der
Uebergang von der Idee des höchsten vollendeten Guts
zum Daseyn Gottes auf einen Schluß gegründet wird,
den die Vernunft in keinem andern Falle als giltig er-
kennt; so ist es wohl der Mühe werth, daß ich die
Moral-Theologie auch in Ansehung dieses Schlußes
beleuchte. Diese Beleuchtung hat überdieß auf die
Wißenschaft der philosophischen Religionslehre Einfluß,

(*) Da sich der Königsbergische Weltweise in der Analytik
der reinen praktischen Vernunft so äußerst bestimmt und
nachdrücklich über die Unvereinbarkeit aller aus der Selbstliebe und aus der Receptivität für Lust und Unlust herrührenden Triebfedern des Handelns mit derjenigen Triebfeder erklärt, welche die reine praktische Vernunft vorschreibt, und in der völlig uneigennützigen Achtung gegen das
moralische Gesetz besteht; so muß man sich billig wundern,
daß noch keiner von den vielen scharfsinnigen Freunden
der kritischen Philosophie den Widerspruch auch nur ge-
ahndet hat, in welchem das reine Gebot der praktischen
Vernunft mit der Vorschrift steht, mache das höchste in
der Welt mögliche Gut zum Entzweck deines Thuns und
Laßens. Allein, wenn man bedenkt, daß einestheils in
der Critik der praktischen Vernunft und in der Critik der
Urtheilskraft, wenn von der Moral-Theologie gehandelt
wird, niemals der Grund recht deutlich angezeigt wor-

den

fluß, und wird also um so weniger hier am unrechten
Orte stehen.

Nun könnte man zwar schon mit Recht sagen:
Da die Idee des höchsten vollendeten Guts, weil dasselbe aus schlechterdings unvereinbaren Elementen besteht, theoretisch nichtig ist; so läßt sich auch kein praktischer Gebrauch davon machen, und mithin kann sie
auch nicht auf den Glauben an einen moralischen und
allvermögenden Welturheber führen.   Denn wenn
man auch annehmen wollte, daß zur Idee des höchsten
vollendeten Guts nicht eben Heiligkeit, als völlige und
nothwendige Uebereinstimmung des Willens mit dem
moralischen Gesetz,   sondern nur die höchste endlichen

D 2   Wesen

den ist, um dessentwillen sich der Mensch das höchste vollendete Gut zum Entzweck seines Handelns setzt (es wird
nämlich in beyden Werken mehrentheils nur gesagt, es
sey Pflicht, sich dieses Gut zum Entzweck zu machen),
und daß anderntheils die Moral-Theologie einem wesentlichen Bedürfniße der menschlichen Vernunft Genüge zu
thun scheint, das nach der Vernunftkritik durch theoreti-
sche Vernunft auch nicht im mindesten soll befriedigt werden können; so wird man es sehr leicht begreiflich finden,
warum bis ietzt noch keiner von den Freunden der kritischen Philosophie die Idee des höchsten vollendeten Guts
ihrem Ursprunge und ihrem Inhalte nach in genauere
Prüfung zog, sondern vielmehr ieder von diesen Freunden
die Idee des höchsten vollendeten Guts als etwas über-
schwenglich Erhabenes behandelte, das sich aller wei-
tern Prüfung der eingeschränkten Menschenvernunft
entzöge.

Wesen mögliche Sittlichkeit (*) erforderlich sey; so ist es doch ganz unmöglich anzunehmen und zu denken, daß ein endliches vernünftiges Geschöpf iemals in den Besitz einer vollendeten Glückseligkeit kommen sollte. Zu einem solchen Besitz gehörte nämlich nothwendig dieses, daß das endliche Wesen im Genuße des Vergnügens gänzlich befriedigt würde, und nichts mehr zu wünschen übrig behielte, welches theils überhaupt bey endlichen Wesen, eben ihrer Endlichkeit wegen, nicht angenommen werden kann und eine ganz unabhängige Selbstgenugsamkeit voraussetzt, die nur in einem unendlichen Wesen gedacht werden kann, theils beßwegen ungedenkbar ist, weil das endliche Wesen, auch wenn es den höchsten für daßelbe erreichbaren Grad der Sittlichkeit und Tugend erreicht hat, dennoch immer mit den Neigungen zu kämpfen hat, die aus der endlichen und sinnlichen Natur deßelben herrühren, und auf den Willen Einfluß haben; die Bekämpfung dieser Neigungen ist nämlich immer und nothwendig mit Schmerz und Miß-

(*) Daß Kant selbst eigentlich nur diese Sittlichkeit als Element des höchsten vollendeten Guts, inwiefern dieses Gut von Menschen erreichbar seyn soll, angesehen wißen wolle, und daß also auch nach ihm der Satz: Sey heilig; kein für Menschen giltiges Gebot sey, erhellet aus mehrern Stellen der Critik der praktischen Vernunft, z. B. S. 58, 145, und 149, welche ich hierbey nachzuschlagen bitte. Wenn aber S. 219. dieser Critik die Heiligkeit als Bestandtheil des höchsten vollendeten Guts angegeben wird, so geschieht es nur, um aus dieser Idee die Nothwendigkeit des Glaubens an die Unsterblichkeit abzuleiten.

Mißvergnügen verbunden, und kann ohne daßelbe gar
nicht gedacht werden. Ein Zustand aber, in welchem
Schmerz empfunden wird und in welchem noch vieles
zu wünschen übrig bleibt, kann doch unmöglich das
höchste vollendete Gut genannt werden, weil sich noch
ein viel vollendeteres gedenken läßt. Allein wir wollen iezt einmal auf die theoretische Nichtigkeit der Idee
des höchsten vollendeten Guts gar nicht Rückficht nehmen, und indem wir die Gedenkbarkeit derselben völlig dahin gestellt seyn laßen, untersuchen, ob die vorgeblich in praktischer Absicht nothwendige Vorausfezung
eines Obiekts, das iener Idee entspricht, auf die Annahme der Existenz einer Gottheit führe.

Der Verfaßer der philosophischen Religionslehre
sagt: Wenn die strengste Beobachtung der moralischen
Gesetze als Ursache der Herbeyführung des höchsten vollendeten Guts (als Zwecks) gedacht werden soll; so
muß, weil das Menschenvermögen darzu nicht hinreicht, (indem der Mensch nicht Herr der Natur ist,
und diese, zum Behuf seiner Glückseligkeit, mit seinen
praktischen Grundsäzen nicht durchgängig einstimmig
machen kann) die Glückseligkeit in der Welt mit der
Tugend in Harmonie zu bringen, ein allvermögendes
moralisches Wesen als Weltherrscher angenommen werden, unter deßen Vorsorge dieses geschieht. — Gegen
die Giltigkeit dieses Schlußes ließe sich nun mit Recht
erinnern, daß deswegen, weil das Menschenvermögen
nicht hinreicht, etwas zu bewirken, noch gar nicht folge,
daß nur ein allvermögendes Wesen, so Welturheber
ist, im Stande sey, das zu Stande zu bringen, was

D 3   der

der Mensch nicht vermag. Denn es laßen sich ia We=
sen denken, deren Vermögen das menschliche Vermö=
gen übertrifft, und die über den Lauf der Natur gebie=
ten und denselben gewißen Absichten gemäß bestimmen
können, die aber noch keinesweges in Ansehung ihrer
Existenz von einer höhern Ursache unabhängig sind;
und daraus, daß wir von der Existenz solcher Wesen
gar keine Kenntniß haben, folgt ganz und gar nicht,
daß sie nicht wirklich sind. Allein da diese Erinnerung
sich sogleich iedem darbietet, der über die Moral=Theo=
logie nachdenkt; so will ich bey derselben gar nicht wei=
ter verweilen. Weit wichtiger hingegen und Jeder=
manns Betrachtung sich vielleicht nicht sogleich darbie=
tend ist dieß, daß man das Daseyn einer vollkommenen
Uebereinstimmung der Glückseligkeit mit dem in einem
endlichen Wesen iedesmal vorhandenen Grade der Tu=
gend und zwar analytisch, aus dem Begriff der Tu=
gend, beweisen kann, ohne daß man im geringsten das
Daseyn eines allvermögenden und moralischen Urhebers
der Welt anzunehmen braucht. Wenn nun nach den
Principien der Vernunft dasienige, was aus natürli=
chen Ursachen erwiesen und begreiflich gemacht werden
kann, gar nicht durch die Voraussetzung eines hyper=
physischen Wesens erwiesen und erklärt werden darf; so
muß der analytische Beweis von der Uebereinstimmung
der Glückseligkeit mit der Tugend nothwendig auf die
Folge führen, daß die Moral=Theologie in demienigen,
was sie von der Nothwendigkeit der Voraussetzung ei=
nes hyperphysischen Wesens dargethan haben will, auf
einer Verirrung der philosophirenden Vernunft beruhe.
Es ist aber dieser Beweis, über deßen Einstimmig=
keit

keit auch mit den Principien der kritischen Philosophie
ich für die sachkundigen Leser wenig anzuführen brauche,
folgender.

Die praktische Vernunft gebietet iederzeit Unter-
werfung des Willens unter ein Gesetz. Insofern
bringt nicht allein die Vorstellung, sondern auch die
Ausübung des moralischen Gesetzes bey Menschen, deren Wille auch durch die sinnlichen Bedürfniße afficirt
wird, iederzeit und nothwendig ein Gefühl der Unlust
und des Schmerzes hervor, das also aus dem moralischen Gesetze a priori erkannt werden kann. Allein
die Vorstellung des moralischen Gesetzes bringt auch
iederzeit und nothwendig ein Gefühl der Lust und des
Vergnügens hervor, welches sich also auch a priori
aus diesem Gesetze erkennen läßt. Dieses Gesetz ist
nämlich ein Gesetz, das uns unsere eigene Vernunft
vorschreibt, das unsere höhere moralische Bestimmung
ausdrückt, und unsere Erhabenheit über den Me-
chanismus der ganzen Natur bezeugt. Noch weit
stärker aber als dieses Gefühl der Lust, das blos aus
der Vorstellung des moralischen Gesetzes entspringt, ist
dasienige Vergnügen, das auf den Gehorsam gegen
dieses Gesetz folgt, und im Bewußtseyn dieses Gehorsams enthalten ist. Die Erreichung eines Zwecks und
einer Bestimmung schließt nämlich iederzeit ein Vergnügen in sich. Die Erreichung unserer höhern moralischen Bestimmung, oder die Beobachtung unserer Pflichten um ihrer selbst willen, muß also auch ein Vergnügen erzeugen, und dieses Vergnügen besteht in der Zufriedenheit mit uns selbst, und mit unserer persön-

D 4　　　　　　　　lichen

lichen Verfaßung, welche wir uns durch den Gebrauch
der Freyheit erworben haben. Diese moralische Selbst=
zufriedenheit schließt eine Luft in sich, welche an In=
tension und Extension alles übertrifft, was von Sin=
nenobiekten nur Angenehmes dargeboten werden kann;
da hingegen auch das Gefühl der Verachtung seiner
selbst bey Menschen, deren Vernunft nur einigermaa=
ßen gebildet ist, weit schmerzhafter und unangenehmer
ist, als iedes Leiden, das vermöge des Laufs der Na=
tur den Menschen trifft. Derienige Mensch also, der
die Maxime des Guten annimmt, und seiner Pflicht
nach allen seinen Kräften ein Genüge zu thun sich ernst=
lich vorsetzt, tritt zwar durch die Annehmung dieser Ge=
sinnung eine lange Reihe von Uebeln des Lebens an,
indem er bey dieser Gesinnung der Befriedigung der Be=
gierden der Selbstliebe immer Abbruch thun muß. Al=
lein eben derselbe Mensch tritt auch zugleich durch die
Annehmung der guten Gesinnung eine Reihe von An=
nehmlichkeiten und Freuden an, die alle Uebel des Le=
bens bey weitem überwiegen. Und diese Freuden stei=
gen immer in dem nämlichen Verhältniße, als das Be=
streben, seine Pflicht ganz uneigennützig und ohne alle
Rücksicht auf einen Erfolg davon zu thun, stärker und
wirksamer wird; so daß man also mit Recht behaupten
kann, daß sogar die größten Leiden, die den Menschen
treffen können, die durch die Tugend verdiente Glückse=
ligkeit befördern und erzeugen, indem dieselben ihm die
Gelegenheit verschaffen, die Erhabenheit seines Willens
über alle Schreckniße der Sinnenwelt zu beweisen, und
sich dadurch der Annäherung zum höchsten moralischen
Zweck der Menschheit bewußt zu werden, welches Be=

wußt=

mußtseyn nothwendig die reinsten Freuden gewährt, mit
welchen aller Genuß der Sinnenwelt, der uns nur als
thierischen Wesen zu Theil wird, gar nicht verglichen
werden kann. — So wäre also eine vollkommene,
der iedesmaligen Beschaffenheit der in einem Menschen
vorhandenen Tugend genau entsprechende Belohnung
und Vergeltung der Sittlichkeit in der gegenwärtigen
Welt gedenkbar, ohne daß man das Daseyn eines moralischen und allvermögenden Urhebers der Welt brauchte
vorauszusetzen, um die Uebereinstimmung der Glückseligkeit mit der Sittlichkeit als möglich zu finden. (*)
Von dieser der Sittlichkeit genau entsprechenden Glückseligkeit könnte man überdieß noch annehmen, daß sie

D 5   in

(*) In der philosophischen Religionslehre wird S. 94 ff.
aus dem Wesen der moralischen Besserung dargethan, daß
diese Besserung zugleich auch eine der vollkommensten Gerechtigkeit angemeßene Bestrafung für alle vor der Beßerung begangene Sünden in sich enthalte, ohne daß Gott
bey dieser Bestrafung mitzuwirken brauche. Durch die
nämliche Methode läßt sich auch, wie das bisher Gesagte
darthut, eine der vollkommensten Gerechtigkeit angemeßene Belohnung der Tugend, als in der Welt wirklich, erweisen, ohne daß diese Wirklichkeit die Voraussetzung und
besondere Wirksamkeit einer die Welt nach moralischen
Gesetzen regierenden Gottheit nothwendig machte. Ist
iener Beweis giltig, so ist es auch dieser, und es wäre
inkonsequent bey der Einräumung der Giltigkeit des erstern, den zweyten zu verwerfen. — Der Satz: In der
Welt ist die Glückseligkeit mit der Tugend vollkommen
einstimmig, und ieder Tugendhafte empfängt was seine
Thaten werth sind, ist also ein analytischer Satz.

in einem andern Leben nach dem Tode fortdauern, und
in derselben sich der Vollendung noch weit mehr nähern
werde, ohne daß man auch hierbey der Voraussetzung
eines moralischen und allvermögenden Regierers der
Welt im geringsten bedarf.   Denn wenn zur Religion, in Ansehung des darzu nöthigen theoretischen Er-
kentnißes des Daseyns Gottes, wie in der philosophischen Religionslehre S. 230. behauptet wird, nichts
weiter erforderlich ist, als der Gedanke: Es ist möglich, daß ein Gott sey (welche Behauptung ich übrigens ihrer Wahrheit nach völlig dahin gestellt seyn
laße); so ist zum Glauben an eine künftige fortdauernde
Zusammentreffung der Glückseligkeit endlicher Wesen
mit ihrer Sittlichkeit auch wohl nichts weiter nöthig,
als der Gedanke: Es ist möglich, daß das Sub-
iect des Vorstellens und Wollens im Menschen
nach dem Tode mit dem Bewußtseyn seiner selbst
fortdaure.   Die Möglichkeit dieses Gedankens wird
aber kein Vernünftiger in Zweifel ziehen.   Denn so
gut, wie der Mensch durch die bloßen Kräfte der Natur zum Daseyn im gegenwärtigen Leben hat gebracht
werden können (nach dem theoretischen Theil der kritischen Philosophie ist es sogar vernunftwidrig, einen andern Urheber des Daseyns der Menschen im gegenwärtigen Leben, als die bloßen Kräfte der Natur anzunehmen); eben so gut kann er auch durch die Kräfte und
die Gesetze der Natur in ein anderes Leben nach dem
Tode übergehen.   Und da wir bey diesem Uebergange
in ein anderes Leben von der Verbindung mit dem
Körper, der so viele Reize zum Ungehorsam gegen die
moralischen Gesetze enthält, und durch den wir so vieler

Bedürf-

Bedürfniße theilhaftig sind, befreyet werden; so läßt sich um so mehr annehmen, daß in diesem andern Leben unsere Sittlichkeit und mit derselben auch unsere Glückseligkeit wachsen werde. Daß in der Welt die Glückseligkeit mit der Sittlichkeit übereinstimme, ließe sich also ohne Vorausseßung einer Gottheit annehmen und aus dem Begriff der Tugend vollkommen erweisen. Diese Vorausseßung ist mithin auch in moralischer Absicht ganz unthunlich und überflüßig, indem wir durch dieselbe auf keinen Fall etwas gewinnen, weil selbst die Allmacht, da sie dem endlichen und abhängigen Wesen niemals Selbstgenugsamkeit verleihen kann, diesem endlichen Wesen doch niemals eine vollendete Glückseligkeit, bey der gar nichts zu wünschen übrig bleibt, mittheilen kann. (*)

Unsere bisherigen Untersuchungen lehren also, daß die Moral-Theologie weder auf eine feste, den Forderungen

(*) In der Critik der praktischen Vernunft wird S. 261 ausdrücklich eingestanden, man könne die Unmöglichkeit eines durchgängig zweckmäßigen Zusammenhangs der Glückseligkeit mit der Sittlichkeit nach allgemeinen Naturgesezen nicht erweisen. Allein es wird auf der folgenden Seite hinzugesezt; es sey in moralischer Absicht zuträglicher, sich die Uebereinstimmung der Glückseligkeit mit der Sittlichkeit als von einem allmächtigen und moralischen Welturheber zu denken. Welche Bewandniß es nun mit dieser Zuträglichkeit des Glaubens an Gott für das Interesse der reinen praktischen Vernunft habe, ergiebt

rungen der Vernunft genugthuende Begründung des
Glaubens an das Daseyn Gottes, noch auch auf die Beförderung der Moralität der menschlichen Handlungen
einige Ansprüche machen könne. Denn durch Lohnsucht, woraus das Bedürfniß, eine vollendete Glückseligkeit als nothwendig mit der Sittlichkeit verbunden zu
denken herrührt, wird doch gewiß kein ächter und uneigennütziger Gehorsam gegen das Sittengesetz hervorgebracht. Ja man könnte der Moral-Theologie überdieß noch, ohne sich eine Consequenzmacherey zu Schulden kommen zu laßen, den Vorwurf machen, daß sie
unausbleiblich auf moralische Schwärmerey führe,
gegen welche in der Critik der praktischen Vernunft
S. 153. mit Recht, als der Beförderung der wahren
Tugend höchst nachtheilig, geeifert wird. Denn besteht diese moralische Schwärmerey darinn, daß man
sich einbildet, man könne in der Ausübung des Pflichtgebots es so weit bringen, daß blos die Liebe zu diesem
                                                    Gebot

giebt sich aus dem eben angeführten Beweise, daß die
Wirklichkeit der Zusammentreffung der Glückseligkeit mit
der Sittlichkeit schon analytisch aus dem Begriff der Tugend erkannt werden könne. Denn sollte die Vorstellung,
daß Gott Urheber der Uebereinstimmung der Glückseligkeit mit der Sittlichkeit sey, zuträglicher für das Interesse
der reinen praktischen Vernunft seyn, als die Vorstellung, daß diese Uebereinstimmung nach natürlichen Gesetzen erfolge; so müßte jene Vorstellung mehrere Gewißheit von der Wirklichkeit der Harmonie der Glückseligkeit
mit der Tugend geben, als diese letztere Vorstellung, und
jene dadurch Moralität stärker befördern, als diese. Ob
dieß nun aber der Fall sey, erhellet ohne alle weitere Er-
                                                    innerung

Gebot die zureichende Triebfeder der Beobachtung deſſel-
ben ausmache, und Achtung gegen dieß Gebot, welche
uns demüthigt, gar nicht mehr nöthig ſey; ſo muß
derjenige, welcher das, was die Pflicht befiehlt, um
des höchſten in der Welt möglichen Guts willen voll-
bringt, und dieſerhalb an das Daſeyn eines Gottes
glaubt, weil dieſes höchſte in der Welt mögliche Gut
ein Object der Liebe und Zuneigung ausmacht, nothwendiger Weiſe auf die Einbildung kommen, er übe
ſeine Pflichten blos aus Liebe zu denſelben aus, und das
moraliſche Geſetz ſey für ihn nicht mehr ein Gegenſtand
der Demüthigung und der Furcht. Dieſe Einbildung
enthält auch inſoferne Wahrheit, als derjenige, der ſie
nährt, ſich bey der Ausübung ſeiner Pflichten nicht
durch die reine Achtung gegen dieſelben und gegen das
moraliſche Geſetz, ſondern durch den angenehmen Erfolg, den die Beobachtung der Pflichten durch die
Realiſirung des höchſten in der Welt möglichen Guts
ver-

innerung aus dem eben geführten Beweiſe und deßen
apodiktiſcher Beſchaffenheit. Denn mehr, als eine apo-
diktiſche Gewißheit über die Einſtimmigkeit der Glückſeligkeit mit der Sittlichkeit kann das problematiſche Annehmen des Daſeyns eines moraliſchen Welturhebers doch
gewiß nicht verſchaffen. Inwiefern übrigens mehrere
Gewißheit über die Einſtimmigkeit der Glückſeligkeit mit
der Tugend ein Beförderungsmittel der Moralität ſeyn
könne, erhellet aus den obigen Unterſuchungen über den
Urſprung der Beſtandtheile der Idee des höchſten vollendeten Guts, und über das Verhältniß dieſer Idee, als
eines Beſtimmungsgrundes des Willens, zur reinen moraliſchen Geſinnung.

verſpricht, hat beſtimmen laßen. Man kann alſo un
möglich ſagen, die Moral führe unausbleiblich zur Re
ligion. Allein, höre ich hierbey manchen meiner Leſer
die Frage aufwerfen, was führt denn zur Religion,
oder was begründet denn den Glauben an einen mora
liſchen Welturheber? die Onto-Theologie und Cosmo
Theologie ſind ia unleugbar Unternehmungen einer ihre
eigene Kraft und Beſtimmung mißkennenden Vernunft.
Die Phyſiko-Theologie aber kann uns doch niemals den
Begriff von einem moraliſchen Urheber der Welt
(denn Moralität iſt gar kein Erfahrungsbegriff) ſon
dern nur von einem ſehr weiſen und klugen Urheber der
Welt verſchaffen? — Die Beantwortung dieſer Frage
liegt eigentlich ganz außer den Abſichten dieſes Werkes.
Damit man iedoch nicht etwa ſich einbilde, mit der Be
ſtreitung der Giltigkeit der Moral-Theologie ſey noth
wendig auch Irreligion und Aberglaube verbunden; ſo
will ich zur Beantwortung derſelben folgendes wenige
noch beyfügen. — Man mag auch über die vergeb
liche Seichtigkeit der Schlußart in der Phyſiko-Theo
logie ſpötteln und deklamiren wie man will; ſo wird
dieſelbe ihren Einfluß auf die menſchliche Vernunft doch
immer behaupten und beybehalten, und dem Glauben an
Gott viele Millionen Anhänger verſchaffen, wenn die
andern vernünftelnden Beweiſe für das Daſeyn Got
tes, ſie mögen nun auf theoretiſche oder praktiſche Ver
nunft ſich ſtützen, kaum einem und dem andern Schul
weiſen dieſen Glauben einflößen. Nun führt freylich
die Betrachtung der Einrichtung der Sinnenwelt auf
keinen moraliſchen Urheber derſelben, weil Moralität gar
kein Obiekt der Sinne iſt; ſondern nur auf einen kunſt

verſtän-

verständigen und weisen Urheber der Einrichtung in der Sinnenwelt. Allein es existirt ein Faktum in unserer Vernunft, das die Vorausssetzung eines moralischen Urhebers unserer Natur nach Gründen der Vernunft nothwendig macht. Dieses Faktum ist das Gebot der praktischen Vernunft, das uns zugleich mit der Freyheit unsers Willens bekannt macht. Denn wie mag man wohl annehmen können, daß eine blind und nothwendig wirkende Natur die Ursache von einem freyen, unbedingten und moralischen Gesetzen unterworfenen Wesen sey. Wenn man also auch alle Kunsteinrichtungen der Welt aus mechanischwirkenden Kräften erklären könnte, so wird man doch die praktischgesetzgebende Vernunft im Menschen, sammt dem Vermögen der Freyheit, wovon iene unleugbare Anzeige giebt, aus einer blos mechanischwirkenden Natur nie vernünftiger Weise ableiten können. Die Anlage und Bestimmung des Menschen zur Sittlichkeit predigt also das Daseyn eines moralischen und verständigen Urhebers des Menschen (denn Moralität und das Wollen derselben setzt nothwendig Verstand voraus), der seinen Willen diesem durch die praktischgesetzgebende Vernunft geoffenbart hat, und es ist eine Anthropo-Theologie möglich, die sich vor dem Richterstuhl der theoretischen Vernunft vollkommen rechtfertigen läßt. Diese Anthropo-Theologie führt auch unmittelbar und nothwendigerweise zur Erkentniß, daß alle unsere Pflichten göttliche Gebote sind und begründet also Religion. Doch ich wollte ia nur die Möglichkeit eines nach theoretischen Vernunftgründen giltigen Glaubens an einen moralischen Urheber der Welt anzeigen, und meine leser werden

werden sich leicht diese Anthropo-Theologie, der man gewiß nicht den Vorwurf machen kann, daß sie auf die Erkentniß und Ausübung unserer Pflichten gar keinen Einfluß habe, wie man den Demonstrationen des Daseyns Gottes aus reiner theoretischer Vernunft so oft vorgeworfen hat, weiter ausbilden und nach allen ihren Theilen vorstellig machen können.

Das erste Stück der philosophischen Religionslehre, welches von der Einwohnung des bösen Princips neben dem guten oder von dem radicalen Bösen in der menschlichen Natur handelt, ist meiner Einsicht nach unter allen übrigen Stücken derselben für das System der Moral-Philosophie das wichtigste und an neuen Belehrungen reichhaltigste. Die in demselben vorkommenden Erörterungen der Freyheit der menschlichen Handlungen, des Ursprungs des Guten und Bösen in der menschlichen Natur aus der Freyheit, der Stufenunterschiede des Bösen im menschlichen Herzen, der Schuldlosigkeit der Sinnlichkeit in Ansehung des Bösen in der menschlichen Natur und der wesentlichen Erforderniße zu einer ächten moralischen Beßerung, sind wahre Bereicherungen für die praktische Philosophie, und der Verfaßer wird in Ansehung dieser Erörterungen gewiß auf ziemlich allgemeinen Beyfall Rechnung machen können. Insbesondere enthält dieses erste Stück auch noch einen recht faßlichen Commentar zu der vom Verfaßer bereits in der Grundlegung zur Metaphysik der Sitten aufgestellten, von sehr vielen seiner Anhänger

aber

aber ganz mißverstandenen Behauptung, daß nämlich die höchste Forderung der praktischen Vernunft in der Annehmung und Befolgung einer Maxime bestehe, von der man muß wollen können, daß sie ein allgemeines Gesetz für alle vernünftige Wesen sey. (*) Zu denienigen Behauptungen im ersten Stück der philosophischen Religionslehre aber, deren Wahrheit ich bezweifeln zu müssen glaube, gehört vorzüglich das Verdammungsurtheil, das darinn über das ganze menschliche Geschlecht in Ansehung seiner moralischen Beschaffenheit gefällt worden ist, und nach welchem die Mitglieder dieses Geschlechts allzumal Sünder seyn sollen.

Man

(*) Die meisten Anhänger der kritischen Philosophie verwechseln hierbey die nothwendigen Wirkungen der praktischen Vernunft mit dem Vermögen der Freyheit, durch welches der Mensch zwischen der Befolgung der Gebote dieser Vernunft und zwischen der Befriedigung der Selbstliebe wählt, und sich zu jener oder zu dieser entschließt. Inzwischen ist doch gar nicht zu leugnen, daß durch viele Stellen in der Critik der praktischen Vernunft selbst zu dieser Verwechselung Anlaß gegeben worden ist. Ja auch in der philosophischen Religionslehre kommt S. 58. und 59. eine Stelle vor, welche es wieder ziemlich zweydeutig macht, welche Merkmale wesentlich in den Begriff der Freyheit gehören. Nach dieser Stelle soll nämlich die Freyheit nicht in der Zufälligkeit der Handlung, sondern in der absoluten Spontaneität bestehen. Aber was soll man sich bey einer freyen Handlung denken, die zwar aus einer absoluten Spontaneität erfolgt, aber Nothwendigkeit enthält, und zur Wirklichkeit kommen mußte.

E

Man kann unmöglich sagen, daß das Urtheil, was sich Jemand über die moralische Beschaffenheit aller Mitglieder des menschlichen Geschlechts macht, am Ende ganz gleichgiltig sey. Zur Erkentniß unserer Pflichten trägt dieses Urtheil freylich nichts bey, und der Mensch kann durch den richtigen Gebrauch der Vernunft wißen, was er thun und laßen solle, ob er gleich darüber in völliger Ungewißheit bleibt, ob irgend Jemand seine Pflichten erfüllt habe, oder nicht. Ja das Gebot der praktischen Vernunft bleibt giltig, und wir sind verbindlich ihm Gehorsam zu leisten, wenn es auch ganz gewiß seyn sollte, daß bis ietzt noch kein einziger Mensch dasselbe erfüllt hätte. Allein in Ansehung des Entschlußes zur Beobachtung seiner Pflicht ist ienes Urtheil ganz und gar nicht gleichgiltig, und kann, ie nachdem es beschaffen ist, den Entschluß, ein beßerer Mensch zu werden, befördern und stärken, oder diesen Entschluß gleich in seiner Geburt wieder ersticken und völlig unwirksam machen. Die Ueberzeugung nämlich, daß alle Menschen Sünder sind, muß nothwendig zu einer kleinlichen, sich selbst gänzlich mißtrauenden Denkungsart führen, die alle Kräfte des Menschen abspannt, iede Entwickelung des Keims zum Guten, der im Menschen liegt, verhindert, und alle Hofnung, ein guter Mensch zu werden, vertilgt; mithin auch alle Versuche darzu gleich in ihrem Anfange wieder rückgängig macht. Denn wenn es wahr ist, könnte sogar derienige, dem die Tugend nicht gleichgiltig ist, und der von dem Verlangen, ihr nachzustreben, sich beseelt fühlt, sagen, daß wir allzumal Sünder sind und bleiben, daß kein einziger Mensch wahrhaft gut ist, oder daß, wie ienes Mitglied

des

des Englischen Parlaments behauptete, ein ieder seinen
Preis hat, für den er sich weggiebt; so ist es ia nicht
im geringsten wahrscheinlich, daß ich iemals das Pflichtgebot erfüllen und ein wahrhaft gebesserter Mensch werden sollte. Es ist ia also thöricht, daß ich einem Zwecke nachiage, den ich doch niemals erreichen werde, und
diesem Zwecke zu Ehren Aufopferungen thue, die mir
so viel kosten. Alles, was ich am Ende erreichen kann,
besteht darinn, daß ich einige Grade minder moralisch
böse werde, als andere Menschen. Dieser Gradual-
Unterschied von andern Menschen kann aber weder das
Gewißen beruhigen, noch auch zur Rechtfertigung vor
dem Richterstuhle Gottes dienen. Ich will mithin
meinen Neigungen ferner folgen, und es ist klüger, daß
ich mich durch die Vorschläge dieser in meinem Thun
und Laßen bestimmen laße, als daß ich mich um die
noch von keinem einzigen Menschen erfüllte Forderung
der praktischen Vernunft bekümmere. (*) — Diese
Schlußart wird gewiß Niemand ganz vernunftwidrig,
aber gar unnatürlich finden, und sie erhält dadurch, daß
sie die sehr gewöhnlichen Vernünfteleyen des Menschen
gegen die Giltigkeit des Pflichtgebots begünstiget, ganz
ungemein viel Stärke und Einfluß auf das menschliche

E 2   Thun

(*) Wenn alle Menschen Sünder sind und auch bleiben, so
ist iede Predigt und Aufstellung einer gereinigten Moral
ein zweckloses und thörichtes Unternehmen, das weiter
nichts fruchtet, als den Menschen mit seinem moralischen
Verfall bekannter zu machen, ohne zur wahren Beßerung
des Menschen, die doch den Hauptzweck ieder Moral ausmacht, im geringsten etwas beytragen zu können.

Thun und laßen. Man kann daher mit Recht behaupten, die Lehre von der Allgemeinheit des sittlichen Verderbens bey allen Menschen sey für die Ausbreitung
der Moralität äußerst nachtheilig; die Ueberzeugung
hingegen, Tugend sey beym Menschen möglich, und
nicht ieder Mensch habe einen Preis für den er sich
weggiebt, sey in praktischer Beziehung real, und
trage zur Belebung des Vorsatzes, unsere Pflicht zu
thun, ungemein viel bey. Eben deßwegen ist es aber
auch iedes Menschen Pflicht, alle Vernünfteleyen, die
diese Ueberzeugung schwächen, oder ganz und gar vertilgen könnten, in ihrer ganzen Schwachheit und Un-
statthaftigkeit darzustellen. Ob nun das, was in der
philosophischen Religionslehre gegen diese das Herz er-
hebende und den zur moralischen Beßerung nöthigen
Muth belebende Ueberzeugung vorgebracht worden ist,
nicht auch auf bloße Vernünfteleyen hinauslaufe, wird
sich dann genauer darthun laßen, wenn wir erst des
Verfaßers Urtheil über die Allgemeinheit des sittlichen
Verderbens angeführt haben. Es ist in folgenden
Sätzen enthalten.

I. „Der Mensch ist böse, heißt nichts anders,
als: der Mensch ist sich des moralischen Gesetzes bewußt, und hat doch die gelegenheitliche Abweichung
von demselben durch einen Mißbrauch seiner Freyheit in
seine Maxime aufgenommen, oder er hat durch einen
Aktus der Freyheit die Befolgung des moralischen Gesetzes der Befriedigung der Selbstliebe untergeordnet,
und diese Befriedigung zur Bedingung der Befolgung
ienes Gesetzes gemacht." Philos. Religionslehre S. 26
und 33. ff.

II.

II. „Diese Unterordnung der Befolgung des Sit=
tengesetzes unter die Befriedigung der Neigungen der
Selbstliebe ist in allen Menschen, selbst den besten nicht
ausgenommen, vorhanden, und es ist subiektiv noth=
wendig, die Unterordnung der Maxime des Guten un=
ter die des Bösen bey allen Menschen vorauszusetzen.“
Philosoph. Religionsl. S. 27.

III. „Da diese Unterordnung der Maxime des
Guten unter die des Bösen aus der Freyheit herrührt,
so muß sie als zufällig und vom Menschen selbst ver=
schuldet angesehen werden. Man kann aber die Allge=
meinheit dieser Verdorbenheit der Maximen nicht erklä=
ren, wenn man nicht einen subiektiven obersten Grund
derselben annimmt, der mit der Menschheit selbst, es
sey wodurch es wolle, verwebt und darinn gleichsam ein=
gewurzelt ist. Diesen Grund kann man nun einen
natürlichen Hang zum Bösen nennen. Und da
dieser Hang immer selbverschuldet seyn muß, so kann
er ein radicales und angebornes Böse in der mensch=
lichen Natur genannt werden.“ Philos. Religionslehre
S. 20, 27, u. 35.

IV. „Der Ursprung dieses Hanges zum Bösen
läßt sich gar nicht in der Zeit aufsuchen, denn da müßte
er von einem vorhergehenden Zustande abgeleitet wer=
den; sondern es läßt sich dieser Ursprung, so wie der
Bestimmungsgrund der freyen Willkühr überhaupt, nur
in Vernunftvorstellungen aufsuchen. Es geht also der
Ursprung dieses Hanges vor allem in der Erfahrung ge=
gebenen Gebrauche der Freyheit voraus, und muß als

E 3   mit

mit der Geburt zugleich im Menschen vorgestellt werden, doch nicht so daß die Geburt eben die Ursache davon sey, sondern der Mensch ist selbst durch seine Freyheit Urheber davon." Philos. Religionsl. S. 8, u. 39.

V. „In allen Menschen ist aber nicht allein ein
angeborner selbstverschuldeter und daher der Zurechnung
fähige Hang zum Bösen ursprünglich vorhanden; sondern man kann überdieß behaupten, daß noch kein
Mensch diesen Hang in sich gänzlich ausgerottet habe
und wahrhaft gutgesinnt sey. Jeder Mensch hat seinen Preis, für den er sich weggiebt, und es ist unter
den Menschen überall keine Tugend vorhanden, für
die nicht ein Grad der Versuchung gefunden werden
kann, der vermögend ist, sie zu stürzen. Es ist daher
vom Menschen allgemein wahr, was der Apostel sagt:
Es ist hier kein Unterschied, sie sind allzumal Sünder —
es ist Keiner der Gutes thue (nach dem Geiste des Gesetzes) auch nicht einer." Philos. Religionsl. S. 38.

VI. „Daß nun in allen Menschen ein angeborner
Hang zum Bösen vorhanden sey, und daß in allen Men=
schen ein gänzlicher Mangel der wahren Tugend vorkomme, deßen Beschaffenheit zusammt der Beschaffenheit jenes angebornen Hanges nur allein die Vernunft
angeben kann, davon liefert die Erfahrung eine hin-
längliche Bestätigung, und es ist gar kein Grund da,
einen einzigen Menschen als frey vom sittlichen Verderben anzusehen. Denn diese liefert Thatsachen, welche den Widerstreit der menschlichen Willkühr gegen
das moralische Gesetz unleugbar beweisen. Will man
diese

diese Beweise aus demjenigen Zustande haben, in welchem manche Philosophen die natürliche Gutartigkeit der menschlichen Natur vorzüglich anzutreffen hoffen, nämlich aus dem sogenannten Naturstande; so darf man nur die Auftritte von ungereizter Grausamkeit in den Mordscenen auf Tofoa, Neuseeland, den Navigatorsinseln, und die nie aufhörende in den weiten Wüsten des Nordwestlichen Amerika, wo sogar kein Mensch den mindesten Vortheil davon hat, mit jener Hypothese vergleichen, und man hat Laster der Rohigkeit, mehr als nöthig ist, um von dieser Meynung abzugehen. Ist man aber für die Meynung gestimmt, daß sich die menschliche Natur im gesitteten Zustand (worinn sich ihre Anlagen vollständiger entwickeln können) beßer erkennen laße; so wird man eine lange melancholische Litaney von Anklagen der Menschheit anhören müßen: von geheimer Falschheit, selbst bey der innigsten Freundschaft, so daß die Mäßigung des Vertrauens in wechselseitiger Eröffnung auch der besten Freunde zur allgemeinen Maxime der Klugheit im Umgange gezählt wird; von einem Hange, denienigen zu haßen, dem man verbindlich ist, worauf ein Wohlthäter iederzeit gefaßt seyn müße; von einem herzlichen Wohlwollen, welches doch die Bemerkung zuläßt „es sey in dem Unglück unserer besten Freunde etwas, das uns nicht ganz mißfällt;“ und von vielen andern unter dem Tugendscheine noch verborgenen, geschweige derienigen Laster, die ihrer gar nicht hehl haben, weil uns der schon gut heißt, der ein böser Mensch von der allgemeinen Klasse ist: und er wird an den Lastern der Kultur und Civilisirung (den kränkendsten unter allen) genug haben,

E 4 um

um sein Auge lieber vom Betragen der Menschen abzu-
wenden, damit er sich nicht selbst ein andres Laster,
nämlich den Menschenhaß, zuziehe. Ist er aber damit
noch nicht zufrieden, so darf er nur den aus beyden auf
wunderliche Weise zusammengesetzten, nämlich den äußern Völkerzustand in Betrachtung ziehen, da civilisirte Völkerschaften gegen einander im Verhältniße des
rohen Naturstandes (eines Standes der beständigen
Kriegsverfaßung) stehen, und sich auch fest in den Kopf
gesetzt haben, nie daraus zu gehen; und er wird dem
öffentlichen Vorgeben gerade widersprechende und doch
nie abzulegende Grundsätze der großen Gesellschaften,
Staaten genannt, gewahr werden, die noch kein Philosoph mit der Moral hat in Einstimmung bringen, und
doch auch, (welches arg ist) keine beßern, die sich mit
der menschlichen Natur vereinigen ließen, vorschlagen
können: so daß der philosophische Chiliasm, der
auf den Zustand eines ewigen, auf einen Völkerbund
als Weltrepublik gegründeten, Friedens hofft, eben so,
wie der theologische, der auf des ganzen Menschenge-
schlechts vollendete moralische Beßerung harret, als
Schwärmerey allgemein verlacht wird." Philos. Religionslehre S. 27. ff. — —

Bey diesem Verdammungsurtheil, das über das
ganze menschliche Geschlecht und über alle Mitglieder
deßelben ausgesprochen wird, kommt alles auf den Beweis davon an, gegen deßen Giltigkeit ich folgendes zu
erinnern habe.

1. Selbst nach den Principien der Critik der reinen Vernunft ist dieser Beweis völlig ungiltig. Der
Satz:

Saß: Jeder Mensch ist von Natur böse, und hat die Abweichung vom moralischen Gesetz in seine Gesinnung aufgenommen; ist ein synthetischer Saß, der, wie auch in der philosophischen Religionslehre selbst eingestanden wird, keine Nothwendigkeit a priori enthält. Er kann mithin nur durch Erfahrung bewiesen werden. Erfahrung aber kann nach den Principien der Vernunft-kritik die Allgemeingiltigkeit keines einzigen Saßes dar-thun. Sie enthält niemals das Bewußtseyn, daß der in ihr vorkommende Gegenstand so und nicht anders seyn müße, und die Giltigkeit ihrer Belohnung er-streckt sich niemals weiter, als die Fälle sich erstrecken, die in der Erfahrung dagewesen sind. Da überdieß der Hang des menschlichen Herzens zum Bösen von ei-nem Aktus der Freyheit abhängt, der als zufällig be-trachtet werden muß, und dessen Daseyn gar nicht als durch Naturursachen und deren Gesetz bestimmt gedacht werden kann; so darf man sich, um die Allgemeinheit dieses Hanges darzuthun, nicht eben so auf Erfahrung berufen, wie man sich wohl, um die Allgemeinheit ge-wißer Neigungen im Menschen darzuthun, auf die Erfahrung und auf die Gesetze der Analogie berufen darf. (*)

E 5   2. Je-

(*) Erfahrung kann nur dann erst die allgemeine Giltigkeit eines Saßes darthun, wenn man gewiß ist, daß man alle Subjekte kennt, auf welche das Prädikat im Saße bezogen wird. Diese Gewißheit findet aber blos da statt, wo eine vollständige Induktion möglich ist. Will man also behaupten, es sey subjektiv nothwendig jeden Men-schen für einen solchen anzusehen, der nicht nur einen an-gebor-

2. Jener Beweis steht selbst mit den Principien im Widerspruch, nach welchen in der philosophischen Religionslehre vieles beurtheilt wird. Mit Recht sagt der Verfaßer S. 5; man kann nur deßwegen einen Menschen böse nennen, weil er Handlungen ausübt, die so beschaffen sind, daß sie auf böse Maximen schließen laßen. Wo nun diese Handlungen nicht vorkommen, da kann man auch nicht auf das Daseyn böser Maximen in einem Menschen schließen. (S. 78. aber wird noch bemerkt, daß der Schluß von der Beschaffenheit der Handlungen auf die Beschaffenheit der Maximen niemals strenge Gewißheit habe.) Dieserhalb wird auch S. 83. gesagt: Es ist der Billigkeit gemäß, das untadelhafte Beyspiel eines Lehrers zu dem, was er lehrt, wenn dieses ohnedem für Jedermann Pflicht ist, keiner andern, als der lautersten Gesinnung deßelben anzurechnen, wenn man keine Beweise des Gegentheils hat. Nach den eigenen Vorschriften der philosophischen Religionslehre muß also ieder Mensch, der

gebornen Hang zum Bösen habe, sondern auch aller wahren Tugend gänzlich ermangele; so muß man darthun, daß die Handlungen eines ieden Menschen zu dieser Behauptung berechtigen. Dieß setzt eine Erfahrungskentniß von allen Menschen und deren Handlungen, oder eine vollständige Induktion voraus, welche unmöglich ist. So lange nun diese nicht geliefert worden ist, so lange kann man auch nicht sagen; es sey subicktiv nothwendig anzunehmen, daß ieder Mensch böse sey, weil man mit gar nichts beweisen kann, daß es nicht manchen Menschen gebe, welcher keinen angebornen Hang zum Bösen besitzt, oder sich in der Folge davon gänzlich frey gemacht hat.

der über die moralische Verfaßung anderer Menschen
urtheilen will, von der Beschaffenheit ihrer Handlungen
auf die Beschaffenheit ihrer Maximen schließen, (welcher Schluß iedoch, er mag nun auf das Daseyn guter
oder böser Maximen führen, niemals strenge Gewißheit hat) und gesetzmäßige Handlungen aus dem Daseyn guter Maximen, gesetzwidrige Handlungen aber
aus dem Daseyn böser Maximen ableiten. Nun frage
ich den Verfaßer der philosophischen Religionslehre: Ob
er sich wohl getraue zu behaupten, daß alle Handlungen
aller Menschen gesetzwidrig (auch mit dem Buchstaben
des Sittengesetzes streitend) seyen? Welcher Staat
und welche Gesellschaft würde bestehen, wenn alle Mitglieder derselben ununterbrochen gesetzwidrig handelten?
— Wollte man hierbey anführen, daß sich schon von
einer einzigen gesetzwidrigen Handlung bey einem Menschen auf eine Verdorbenheit seiner Maximen schließen
laße, indem beym Daseyn guter Maximen in einem
Menschen gar keine einzige gesetzwidrige Handlung
möglich ist; so ist zu bedenken, daß erstlich von einer
oder mehrern gesetzwidrigen Handlungen noch nicht mit
Gewißheit auf die Verdorbenheit der Maximen geschlos-
sen werden kann, weil sich ein Mensch in Ansehung
deßen, was zu seiner Pflicht gehört, irren kann, indem
zur richtigen Erkentniß aller unserer Pflichten eine ge-
übte moralische Beurtheilungskraft gehört, die die allgemeine moralische Vorschrift auf iede Handlung gehörig anwendet, und wem diese Beurtheilungskraft fehlt,
der kann leicht in dem Irrthum stehen, es gehöre eine
Handlung zu seinen Pflichten, die doch eigentlich mit
dem Pflichtgebote streitet; und daß zweytens in der Erfahrung

fahrung Menschen vorkommen, an welchen eine lange Periode ihres Lebens hindurch keine offenbare Verletzung des Buchstabens der Sittengesetze bemerkbar ist.

3. In der philosophischen Religionslehre wird mehrmals behauptet z. B. S. 53; der Mensch könne den Vorsatz, die Vorstellung der Pflicht und der Gesetzmäßigkeit einer Handlung die oberste Triebfeder seines Betragens seyn zu laßen, gefaßt (also die Maxime des Guten durch Freyheit angenommen) haben, ohne beßwegen auch das Sittengesetz und deßen Gebot ieberzeit vollständig zu erfüllen, weil zwischen der Maxime und der That oder der Befolgung der Maxime noch ein Zwischenraum sey. Nun will ich hierbey nicht untersuchen, ob durch diese Behauptung nicht vielleicht eine doppelte Freyheit im Menschen vorausgesetzt werde, nämlich eine Freyheit in Ansehung der Annahme der Maximen, und eine von iener ganz verschiedene Freyheit der Befolgung angenommener Maximen, und ob, wenn der Entschluß, die Vorstellung der Pflicht zur obersten und alleinigen Triebfeder der Handlungen zu machen, ernsthafter Art ist (in welcher Qualität dieser Entschluß iede Triebfeder des Handelns anderer Art muß überwiegen können) während des Bewußtseyns des Sittengesetzes eine Handlung angefangen und vollbracht werden könne, die ienem Entschluße widerspricht. Dieß aber verdient angeführt zu werden, daß, wenn der Mensch, wie in der philosophischen Religionslehre behauptet wird, eigentlich nur durch die Aufnahme böser Maximen in seine Gesinnungsart böse ist, man nicht einmal alleteit vom Daseyn gesetzwidriger und nach ih-

rer

rer äußern in die Sinne fallenden Beschaffenheit moralisch unvollkommner Handlungen auf das Daseyn böser
Maximen schließen dürfe, indem wenn gute Maximen
nicht allezeit gute und zum wenigsten gesetzmäßige Handlungen hervorbringen, auch gesetzwidrige und moralisch
unvollkommne Handlungen bey einem Menschen statt finden können, der die Maxime des Guten bereits angenommen hat und deßhalb für einen gebeßerten Menschen gehalten werden muß. Diesemnach würde der
nach der Erfahrung unter den Menschen vorkommende
Mangel tugendhafter Handlungen noch keineswegs einen sichern Bürgen dafür abgeben, daß alle Menschen
durch einen Mißbrauch ihrer Freyheit böse Maximen
angenommen hätten, und für Sünder zu halten seyen.

4. Diese Bemerkungen lehren schon hinreichend,
was überhaupt genommen von dem Erfahrungsbeweis
für die Allgemeinheit des sittlichen Verderbens unter
den Menschen zu halten sey; und wenn also auch das
Verdammungsurtheil, das in der philosophischen Religionslehre über alle Mitglieder des menschlichen Geschlechts ausgesprochen wird, mit ganz unleugbaren
Thatsachen unterstützt, und auf eine ziemlich vollständige Induktion gegründet worden wäre; so könnten sie
ienes Verdammungsurtheil doch nicht vollkommen be-
stätigen, und demselben nur einigermaaßen Gewißheit
verschaffen. Aber ob das, was in der philosophischen
Religionslehre für ienes Verdammungsurtheil aus der
Beobachtung über den Menschen und über deßen Handlungen beygebracht wird, aus unleugbaren und ziemlich
allgemeingiltigen Thatsachen bestehe, verdient doch auch

noch

78

noch besonders erwogen zu werden. Es werden zuerst
zur Bestätigung ienes Verdammungsurtheils die Handlungen der Menschen im sogenannten Naturstande, und
die Auftritte von ungereizter Grausamkeit, die auf
Tofoa, Neuseeland, den Navigatorsinseln und unter den Einwohnern des Nordwestlichen Amerika's
vorgefallen sind, und uns von den Europäern, die diese
Scenen von Grausamkeit gesehen haben, erzählt werden,
angeführt. — Freylich sind viele Beschreibungen von
Reisen unter den Wilden voll von Nachrichten über solche Scenen der Grausamkeit, die einen fast unglaubli-
chen Grad von Verwilderung in der menschlichen Natur voraussetzen und bezeugen. Allein der Philosoph,
der aus diesen Nachrichten Schlüße ziehen will, sollte
doch erst durch historische Critik die Glaubwürdigkeit
derselben prüfen und die Gränzen ihrer Giltigkeit untersuchen. Nun ist aber a) eben keine große und sehr ausgebreitete Belesenheit in ältern und neuern Reisebeschrei-
bungen darzu erforderlich, um allen Nachrichten von
den Grausamkeiten, welche von den sogenannten Wilden ausgeübt worden seyn sollen, eben so viele und
eben so glaubwürdige Nachrichten von Handlungen der
Gutmüthigkeit, der Freundschaft und des Zutrauens,
welche die Mitglieder von ganz rohen Menschenstäm-
men sowohl gegen Europäer als auch gegen ihres gleichen ausgeübt haben, entgegen zu setzen. Ich verweise
hierbey blos auf die Sammlung von Reisebeschreibun-
gen, die Georg Forster besorgt hat, und in welcher
recht viele, und zwar höchst glaubwürdige Thatsachen
erzählt werden, aus denen offenbar erhellet, daß dieienigen Menschen, welche wir deßwegen Wilde nennen,

weil

weil sie mit unsern Künsten des Luxus nicht bekannt
sind, der Regungen der allgemeinen Menschenliebe, der
Dankbarkeit und des Mitleidens in eben dem Grade
theilhaftig sind, als solche nur bey dem gebildesten Europäer angetroffen werden, und daß ein blinder Hang
zur Grausamkeit nicht alle diese rohen Naturmenschen
beseele. (*)   Ich dächte b) es wären Ursachen genug
vorhanden, um gegen die Rechtmäßigkeit aller der Klagen mißtrauisch zu seyn, welche die reisenden Europäer
über die Grausamkeiten erheben, die an ihnen von den
Wilden ganz ungereizt und sogar ohne Erwartung irgend eines Vortheils begangen worden seyn sollen.
                                                    Welches

(*) Ich will mich allenfalls anheischig machen, beynahe
    aus jedem Bande des Forsterschen Magazins von merk-
    würdigen Reisebeschreibungen einige Dutzend Beweise da-
    von zu sammeln, daß es unter den sogenannten Wilden
    viele Individua giebt, die eben so viel Humanität zu er-
    kennen geben, als jemals nur von dem gebildesten Euro-
    päer zu erkennen gegeben worden ist. Man lese z. B.
    nur die im Neunten Bande dieses Magazins vorkommen-
    de rührende Nachricht von der Rechtschaffenheit und Gut-
    müthigkeit bey den Bewohnern der Baschi-Inseln, ge-
    gen deren Betragen das Betragen des Herrn de Sur-
    ville, der sie besuchte, und ihre gegen ihn bewiesene Gast-
    freundschaft mit grobem Undank belohnte, gar sehr ab-
    sticht. Die Einfalt und Unschuld der Sitten, die bey
    diesen Insulanern herrscht, ist um so merkwürdiger, da
    sie zwischen zwey äußerst verdorbenen Nationen, zwischen
    den Chinesen und Malaien wohnen, und die Fehler die-
    ser doch nicht angenommen haben. Und welcher von mei-
    nen Lesern hat nicht die äußerst interessanten Nachrichten
                                                    des

Welches sind denn die Wohlthaten, womit wir Europäer bis ießt die sogenannten Wilden beglückt haben,
und wegen welcher sie iedem Europäer, welchen der
Zufall oder die unersättliche Habsucht dieser unter sie
gebracht hat, Dankbarkeit und Wohlwollen zu erweisen schuldig wären? Laut der unleugbarsten Thatsachen
kann man auf diese Frage keine andere Antwort geben,
als daß alle wilde Nationen von dem Augenblicke an,
als sie Europäer kennen lernten, mit den Uebeln der
venerischen Krankheiten, der Pocken, der Folgen des
Genußes vom Branntwein und mit andern Uebeln, die
ihnen vorher völlig unbekannt waren, bekannt wurden.

Es

des Capitains Wilson von den Bewohnern der Pelew-
Inseln (die auch George Forster übersetzt hat) mit
Theilnahme und Vergnügen gelesen. Eine so freund-
schaftliche Aufnahme, wie die Engländer bey diesen Insulanern fanden, und die keinesweges aus der Furcht und
Schwäche dieser Insulaner herrührte, hätten sie wohl
schwerlich bey irgend einer Europäischen Nation gefunden. Wirklich betrugen sich aber auch die Engländer bey
diesen Insulanern wie Menschen, und bewiesen durch
das Zerschlagen der geretteten Branntweinfäßer, daß sie
der Gastfreundschaft, mit der sie aufgenommen worden
waren, würdig wären. — Ueberhaupt genommen gehört es zu den unverkennbaren Verdiensten des ießt aber
so häufig verkannten G. Forsters, daß durch ihn unsere
Einsichten vom Charakter und von der Denkungs- und
Handlungs-Art der sogenannten Wilden um sehr vieles
berichtiget worden sind. Er hatte aber auch die Bekanntschaft mit dem Charakter uncivilisirter Nationen nicht
blos innerhalb der vier Wände seiner Stube sich erworben.

Es ist wirklich ieder rohe Menschenstamm zu bedauern, der das Unglück hat, mit Europäern bekannt zu werden. Cook ist derienige unter den Entdeckern von Ländern und Nationen, die wir Europäer vorher noch nicht kannten, welcher gegen die neu entdeckten Menschen= stämme noch die menschenfreundlichsten Gesinnungen hegte, und für diese Menschenstämme ihre Bekannt= schaft mit Europäern wohlthätig machen wollte. Aber sind denn die Otaheitier und die übrigen Bewohner der Südsee=Inseln dadurch im geringsten glücklicher oder moralisch besser geworden, daß sie die Ehre hatten, von diesem großen Manne entdeckt und besucht zu wer= den. Auch giebt es wohl noch andere Gründe, um derentwillen es nöthig ist, gegen alle Klagen, welche die Europäer über den großen Hang der Wilden zum Diebstahl, Mord und zu Grausamkeiten führen, miß= trauisch zu seyn. Was aber die Grausamkeiten betrifft, welche der Wilde gegen den Wilden ausübt, so können Europäer über die Ursachen derselben aus bekannten Gründen mehrentheils gar nicht urtheilen, und über= haupt betrachtet nimmt es der Wilde in der Ausübung des Vergeltungsrechtes aus natürlichen Gründen sehr strenge, und was wir für Handlungen einer ganz zweck= losen Grausamkeit ansehen, das sind mehrentheils nur Folgen von den Vorstellungen, die der Wilde sich von dem Vergeltungsrechte und dessen Ausdehnung macht. Auch muß hierbey c) noch angeführt werden, daß die Berufung auf den unsittlichen Charakter der Wilden und ganz unkultivirter Menschen in einer Untersuchung über die Größe und Allgemeinheit des sittlichen Ver= derbens unter den Menschen ganz unthunlich ist. Alles

F   nämlich,

nämlich, was dem Menschen als moralisch böse oder gut soll zugerechnet werden können, muß aus dem Vermögen der Freyheit entspringen, welches auch selbst in der philosophischen Religionslehre eingeräumt wird. Freyheit und deren Gebrauch kann aber doch beym Menschen nicht eher angenommen und als möglich gedacht werden, als bis die Vernunft angefangen hat, Einfluß auf das Wollen zu bekommen. Dieser Einfluß nun ist wieder nicht eher gedenkbar und möglich, als bis die Vernunft (das Vermögen zu schließen und das Besondere allgemeinen Grundsätzen unterzuordnen) angewendet, gebildet und zu einigem Gefühl ihrer selbst gelangt ist. Zu dieser Anwendung und Bildung der Vernunft ist bey dem Wilden keine Gelegenheit vorhanden, denn die Sorge und Bemühung für den täglichen Unterhalt beschäfftigt seine ganze Aufmerksamkeit, und läßt ihm keine Zeit zu Betrachtungen über seine Verhältniße und über die Verhältniße der Dinge außer ihm zu einander übrig. Alle Einrichtungen und Arbeiten bey den Wilden beweisen daher auch so wenig Anwendung der eigentlichen Vernunft. Man kann also auch bey ihnen nicht füglich einen wirklichen Besitz und Gebrauch der Freyheit, sondern nur die Anlage darzu voraussetzen. Ganz unstatthaft ist es also wohl, wenn in einer Untersuchung über das Verderbniß des menschlichen Herzens und über deßen Allgemeinheit (welches Verderbniß nur als Produkt eines Gebrauchs der Freyheit gedacht werden kann) die se Allgemeinheit mit aus den Aeußerungen des Charakters uncivilisirter Menschen bewiesen wird, welcher gar nicht durch einen Gebrauch der Freyheit gebildet, sondern einzig und allein durch die Selbstliebe (ohne alle Gegenwir-

genwirkung des moralischen Gesetzes gegen die Forderungen dieser Selbstliebe) nothwendig bestimmt worden ist. — Was zweytens als Thatsache aus der
Geschichte kultivirter Menschen dafür angeführt wird,
daß das sittliche Verderben des Menschen ganz allgemein sey, und daß bey keinem Mitgliede der menschlichen Gesellschaft eine Befreyung davon vorkomme, klingt
freylich sehr niederschlagend. Allein stellt denn die Geschichte civilisirter Nationen und die Beobachtung der
einzelnen Mitglieder derselben nichts weiter auf, als
Beyspiele von geheimer Feindschaft gegen den innigsten
Freund, von dem Hange auch sogar seine Wohlthäter
zu haßen, und von andern ähnlichen Lastern? Enthält diese Geschichte gar keine Nachrichten von Aufopferungen für Tugend und Pflicht? Tragen denn alle
Begebenheiten unter den Menschen, die sie erzählt, oder
nicht erzählt, das Gepräge der Bosheit, der Nieder-
trächtigkeit, der Schadenfreude und des gröbsten Eigen-
nutzes an sich? Und ließe sich unter denen, welche vom
Adam abstammen, gar keiner finden, von dem man
annehmen könnte, die Vorstellung seiner Pflichten sey
ihm heilig gewesen, und habe auf sein Thun und Laßen
Einfluß gehabt? Getrauet sich wohl der Königsbergische Weltweise diese Fragen mit einem Ja zu beant-
worten? — daraus endlich, daß der äußere Völkerzustand, in welchem civilisirte Nationen gegen einander
stehen, bis ietzt noch so beschaffen ist, daß er mit den
Grundsätzen der Moral noch gar nicht hat vereinigt
werden können, und daß kein besserer sich angeben läßt,
der mit der menschlichen Natur vereinbar wäre, und allgemein eingeführt werden könne, kann auch nicht ge-

F 2   schloßen

schloßen werden, daß die Verderbniß des menschlichen Herzens allgemein sey, und daß alle Menschen ohne Ausnahme böse Maximen angenommen haben. Denn bekanntlich hat die bey weitem größere Anzahl der Bürger in unsern civilisirten Staaten auf das Verhältniß dieser Staaten zu einander und auf Krieg und Frieden wenig oder gar keinen Einfluß. Von diesen Bürgern verabscheuen vielmehr sehr viele den Krieg und die beständige Zurüstung zu demselben, welche in vielen Fällen noch weit mehrere Uebel erzeugt, als der Krieg selbst. Freylich rühmen die Grundsätze, nach welchen die Staaten ihr Betragen gegen einander bestimmen, und die bis ietzt noch kein Philosoph mit der Moral in Uebereinstimmung hat bringen können, von der moralischen Unvollkommenheit der menschlichen Natur her: Allein diese Grundsätze sind ia nicht die Grundsätze, die ieder einzelne Mensch angenommen hat und befolgt, und der philosophische Chiliasmus, der auf den Zustand eines ewigen Friedens unter allen Nationen hofft, ist nicht deßwegen schwärmerisch, weil gar nicht daran zu denken ist, daß irgend ein Mensch moralisch gute Maximen in seine Denkungsart aufgenommen habe, oder iemals aufnehmen werde, sondern vielmehr deßwegen, weil es vernünftiger Weise nicht zu erwarten steht, daß iemals alle Menschen so weit vervollkommnet werden sollten, daß sie sich in ihrem Betragen blos durch die Begriffe von Pflicht und Recht bestimmen ließen, welches doch zur festen Begründung eines ewigen Friedens unter allen Nationen unentbehrlich wäre, indem, wenn auch alle Nationen ietzt den ernstlichen Entschluß faßten, nie wieder Krieg mit einander zu führen, son-

dern

bern über ihre Streitigkeiten künftig allezeit unparteyische Richter entscheiden zu laßen, ein einziger Eroberungssüchtiger Regent, der in der Folge zur Regierung eines mächtigen Staats gelangte, diesen allgemeinen Frieden sogleich wieder unterbrechen würde. (*)

Vielleicht wirft mancher von meinen Lesern nach Erwägung dieser Bemerkungen die Fragen auf: Wie kommt aber die Behauptung von der Allgemeinheit des

F 3   sittli=

(*) Einer der Recensenten der philosophischen Religionslehre findet in dem bisherigen Zustande der Moral-Philosophie einen noch beynahe stärkern Beweis für die Allgemeinheit des radikalen Bösen in der menschlichen Natur, als selbst in der philosophischen Religionslehre angegeben worden ist. Es scheint auch wirklich, als wenn dieser aus den bisherigen Schicksalen der Moral-Philosophie hergenommene Beweis mehrere Giltigkeit hätte, als alle in der philosophischen Religionslehre angeführte Thatsachen; ich will ihn also anführen, und prüfen. „Diejenige Tücke des radicalen Bösen, sagt dieser Recensent, welche die blos legale Handlung für die moralische, die unmoralische aber für blos illegal annimmt, und den Grund der Unmoralischen außer der Freyheit sucht und findet, wird sowohl durch die Stoische als durch die Epicurische Moral, inwieferne in beyden ein Grundbegriff vom Sittengesetz aufgestellt ist, der alle Zurechnung und Freyheit aufhebt, gewiß nicht weniger begünstiget, — als sie selbst beyde Systeme unterstützt. Bedenkt man über dieses die Antipathie der naturalistischen Moral-Philosophen und Moral-Theologen gegen die Freyheit des Willens, sobald eigentliche

sittlichen Verderbens unter den Menschen, die mit den
Principien der Vernunftkritik und auch mit den Grundsätzen der philosophischen Religionslehre gar nicht übereinstimmt, in die Vorstellung der Religion innerhalb
der Gränzen der bloßen Vernunft hinein; und wie soll
man, wenn diese Behauptung nicht richtig und erweis-
bar ist, über die Größe des sittlichen Verderbens unter den Menschen sonst urtheilen? — Zur Beantwortung dieser Fragen will ich daher noch folgendes
beyfügen.

Was

gentliche von Selbstthätigkeit der Vernunft sowohl als
vom Triebe nach Vergnügen verschiedene Freyheit darunter verstanden wird; — eine Antipathie, die neben der
leidenschaftlichen Wärme, womit jede andere äußere Freyheit verfochten wird, so sonderbar contrastiert; erwägt
man endlich die so allgemein herrschende Glückseligkeitslehre, die sogar unter dieser Benennung für die philosophische Moral ausgegeben, und in welcher raisonnirte
Sympathie und Selbstliebe, folglich bloße durch theoreti-
sche Vernunft gelenkte Triebe nach Vergnügen für die
ächten sittlichen Triebfedern angegeben werden; so dürfte
man kaum nöthig haben außer der Geschichte der Moral-
philosophie sich nach einem Faktum umzusehen, das den
Hang zur Umkehrung der sittlichen Triebfedern augen-
scheinlicher außer Zweifel setzt.“ — Meine Zweifel an
der Giltigkeit dieses Beweises sind folgende. a) Er kann,
wenn er auch vollkommen giltig wäre, nur darthun, daß
in den Moral-Philosophen älterer und neuerer Zeit ein
Hang zum Bösen oder ein radikales Böse dagewesen sey,
nicht aber das Daseyn dieses Hanges in allen übrigen
Menschen, die auf die Bestimmung der Lehren der Moral-

Philo-

Was die erstere Frage anbetrifft, so ist die Beantwortung derselben in der philosophischen Religionslehre
sehr leicht aufzufinden. Zur Absicht dieses Werkes gehört nämlich außer der Darstellung der Principien der
allein durch Vernunft giltigen Religion auch noch der
Versuch, irgend eine dafür gehaltene Offenbarung, als
historisches System, an moralische Begriffe fragmentarisch zu halten, um zu sehen, ob diese Offenbarung
nicht auch zu dem reinen Vernunft-System der Religion zurückgeführt, und so jene mit diesem vereinigt

F 4 werden

Philosophie gar keinen Einfluß gehabt haben, beweisen. Auch
haben ja diese Moral-Philosophen mit ihrer Verwandlung der Glückseligkeitslehre in eine Sittenlehre die Stimme der moralischgesetzgebenden Vernunft nie überschreyen
und zum Schweigen bringen können; diese Stimme hat
sich immerdar in der menschlichen Natur hören laßen,
und man darf daher von der Verdorbenheit und Unrich-
tigkeit der Moral-Systeme keinen Schluß auf die allgemeine Verdorbenheit des menschlichen Herzens machen.
Ja es ist überdieß auch bekannt genug, daß die philosophischen Systeme mehrentheils sehr wenig Einfluß auf das
Betragen der Menschen gehabt haben, und es hat zu allen Zeiten Menschen gegeben, deren Grundsätze, wie sie
solche selbst angaben, verdammungswürdig, deren Handlungen aber beynahe musterhaft waren, so wie auch mancher hinreißend über die Tugend spricht, und dabey doch
verabscheuungswürdig handelt. Bey jenen verbeßert der
unvertilgbare Keim zum Guten im Menschen den Einfluß
der Grundsätze auf das Betragen. b) Daß die aus dem
radicalen Bösen des menschlichen Herzens entspringende
Tücke die Stoische Moral unterstützt habe, und von derselben

werden könne, welches, wenn es thunlich ist, von sehr großem praktischen Nußen, wie der Verfaßer meynt, seyn würde. (S. die Vorrede zur zweyten Auflage.) Die Offenbarung nun, welche in der philosophischen Religionslehre mit der reinen Vernunftreligion fragmentarisch zusammengehalten und auf dieselbe zurückgeführt wird, ist das luthersche Kirchen-Syſtem, so wie solches sogleich nach Vollendung der symbolischen Bücher der

selben wiederum begünstigt worden sey, will ich ießt dahin gestellt seyn laßen. Nur soviel weis ich ganz gewiß, daß man von der kritischen Moral mit Wahrheit wird behaupten können, sie habe das Beste der Menschheit befördert, wenn diese Moral eben so viele edle und um das Wohl der Menschheit verdiente Männer wird gebildet haben, als die Stoische Moral gebildet hat. c) Ob die Nichtannahme einer von den Wirkungen der praktischen Vernunft und der Selbstliebe unterschiedenen Freyheit aus dem radikalen Bösen in der Natur unserer Moral-Philosophen und Moral-Theologen herrühre, mag ich weder behaupten noch auch leugnen, denn ich habe weder Gründe zu dem einen, noch auch zum andern. Inzwischen ist es eines Philosophen ganz unwürdig, sein System mit solchen Waffen zu vertheidigen, und die Nichtannahme deßelben aus der moralischen Verdorbenheit der Gegner deßelben (ehemals aus der Wirksamkeit des Teufels, der die Ausbreitung alles Guten unter den Menschen hindere) abzuleiten. Ja die Gegner bekommen durch solche Angriffe eine Veranlaßung Gleiches mit Gleichem zu vergelten, und das angepriesene Syſtem für ein Produkt des Stolzes und der Eitelkeit, ein Reformator in der Philosophie zu werden, auszugeben. Durch solche Angriffe gewinnt

der lutherſchen Kirche feſtgeſetzt wurde, (*) und der
Verfaßer bemüht ſich daher von den wichtigſten
Grundſätzen dieſer Kirche auch ein Analogon in der
allein durch Vernunft giltigen Religion anzutreffen
und aufzufinden. Auf dieſe Art iſt höchſt wahrſchein-
lich auch die Religion innerhalb der Gränzen der bloßen
Vernunft, die als ſolche nichts davon weis, was die
Menſchen laut des Zeugnißes der Erfahrung in mora-
liſcher Rückſicht ſind, ſondern nur uns über das belehrt,
was die Menſchen ſeyn ſollen, zur Idee von einem radicalen Böſen in allen Menſchen gekommen. (**) Zu

F 5

den

winnt die Philoſophie keinesweges und wird noch überdieß
in den Augen aller civiliſirten Menſchen verächtlich gemacht, indem man leider! immer der Philoſophie zur Laſt
gelegt hat, was ſich die Bearbeiter derſelben haben zu
Schulden kommen laßen.

(*) Auf die Emendationen des Lutherſchen Kirchen-Syſtems,
welche ſeit der Mitte des ietzigen Jahrhunderts von aufgeklärten und gelehrten Theologen bewirkt worden ſind,
iſt in der philoſophiſchen Religionslehre gar nicht Rückſicht genommen worden. Mit der Zurückführung der
vom Lutherſchen abweichenden chriſtlichen Kirchen-Sy-
ſteme auf die reine Vernunftreligion hat ſich der Verfaßer
auch nicht abgegeben. Inzwiſchen betreffen ſeine moraliſche Auslegungen doch vorzüglich nur ſolche Glaubensar-
tikel, welche die Lutherſche Kirche mit den beyden andern
im deutſchen Reiche privilegirten Kirchen gemein hat.

(**) Wir werden im folgenden ſehen, daß die Religion innerhalb der Gränzen der bloßen Vernunft noch einmal
auf dieſe Art zu einer ihren Principien gar nicht angemeſ-
nen Lehre kommt.

den wesentlichen Artikeln des Lutherschen Kirchenſyſtems, wie ſolche ehemals vorgetragen wurden, und zum Theil noch ießt beſtimmt werden, gehört nämlich auch der Artikel von der Erbſünde; und von der Allgemein= heit der Unvollkommenheit der menſchlichen Tu= gend. Die Lehre von der Erbſünde, wie ſie ehemals von den Theologen der Lutherſchen Kirche beſtimmt wurde, widerſpricht aber zu ſehr allen Begriffen der Vernunft von dem, was zur Zurechnungsfähigkeit der menſchlichen Handlungen und des Böſen in der menſch= lichen Natur erforderlich iſt. Sie konnte alſo nicht ohne Veränderung in die Lehren des Syſtems der rei= nen Religion aufgenommen werden. An ihrer ſtatt wird alſo die Lehre von einem radikalen Böſen in der menſchlichen Natur aufgeſtellt, das zwar ſelbſt verſchul= det iſt, und aus einem Mißbrauche der Freyheit her= rührt, aber doch alle Menſchen inficirt hat, und weil es unvertilgbar iſt, bey iedem Menſchen, auch den be= ſten nicht ausgenommen, wirkſam bleibt. Davon, daß der Menſch dieſes radikale Böſe in ſich habe, da es allgemein in allen Menſchen wirkſam ſey, und we= gen der Fortdauer ſeiner Wirkſamkeit alle Menſchen ohne Ausnahme zu Sündern erniedrige, kann die Ver= nunft a priori gar nichts wißen. Es iſt alſo die Er= fahrung zu Hülfe genommen worden, um das Daſeyn des radikalen Böſen zuſammt der fortdauernden allge= meinen ſittlichen Verdorbenheit der menſchlichen Natur zu beweiſen, und bey dieſem Beweiſe findet der große Vortheil ſtatt, daß derſelbe niemals kann genau wider= legt werden, weil Erfahrung über die Maximen der Handlungen niemals gewiße Aufſchlüße zu geben im

Stande

Stande ist. — Auf diese Art sind also zwey wesentliche Artikel des lutherschen Kirchensystems auf die
Grundsätze der Religion innerhalb der Gränzen der bloßen Vernunft zurückgebracht worden.

Wenn man in das Gebiet der Vernunft eine Idee
hineinbringt, welche in diesem Gebiete nicht einheimisch,
und aus der Vernunft nicht entsprungen ist; so ist immer
die natürliche Folge diese, daß unter den Behauptungen
der Vernunft Widerstreit entsteht, indem eine solche
Idee mit den Grundsätzen der Vernunft doch nicht genau zusammenstimmen kann. Dieß zeigt sich auch an
der Idee von dem radikalen und angebornen Bösen in
der menschlichen Natur, welche trotz aller Bemühungen,
die sich der Verfaßer der philosophischen Religionslehre
gegeben hat, um solche von allen Merkmalen zu reini-
gen, die sie mit den Principien der Vernunft unvereinbar machen, dennoch mit diesen Principien nicht völlig
zusammenstimmt. Die Vernunft postulirt nämlich bey
allen Handlungen, welche moralisch und der Zurechnung
fähig seyn sollen, Freyheit. Nach ihrer Vorschrift
muß daher auch iede gute und böse Handlung, als solche, so angesehen werden, als wenn dieselbe in dem Augenblicke, da sie angefangen und vollbracht würde, auch
eben so gut hätte unterlaßen werden können, oder als
wenn der Urheber derselben in dem Augenblicke, da er sich
zur Handlung entschloß, es ganz in seiner Gewalt gehabt
hätte, sich entweder für die Annehmung einer guten, oder
einer bösen Maxime zu entschließen, ohne dabey durch
irgend etwas außer seiner Freyheit bestimmt worden zu
seyn. Freyheit können wir aber auch nach den Princi-

pien

pien der Vernunft nur einem solchen Wesen beylegen, deßen Wille sowohl unter dem Einfluße der Selbstliebe als auch unter dem Einfluße der Vorstellung der Ge= setzmäßigkeit einer Handlung steht, und von beyden af= ficirt wird. Ein Wille also, der blos durch die Selbst= liebe, oder der blos durch die Vorstellung der Gesetzmä= ßigkeit der Handlungen bestimmt wird, kann gar nicht als frey gedacht werden. Nun führt aber die Idee des radikalen und angebornen Bösen in der menschlichen Natur Merkmale bey sich, die sich selbst widersprechen, indem es nach gewißen dieser Merkmale gar nicht als aus Freyheit entsprungen und selbstverschuldet gedacht werden kann, welches doch seyn muß, wenn es als die Quelle alles der Zurechnung fähigen Bösen in der mensch= lichen Natur soll angesehen werden können. S. 8. wird nämlich in der philosophischen Religionslehre ausdrück= lich gesagt: „Das Böse, als der subiektive erste Grund der Annehmung böser Maximen heißt in dem Sinne angeboren, als es vor allem in der Erfahrung gegebe= nen Gebrauche der Freyheit, (in der frühesten Jugend bis zur Geburt zurück) zum Grunde gelegt, und so als mit der Geburt zugleich im Menschen vorhanden, vor= gestellt wird; nicht daß die Geburt eben die Ursache da= von sey." Wir müßen also nach dieser Erklärung das angeborne radikale Böse als eine freye Annehmung bö= ser Maximen denken, die vor allem in der Erfahrung gegebenen Gebrauche der Freyheit geschehen, und schon mit der Geburt im Menschen vorhanden ist. Allein so ein Gedanke ist schlechterdings unmöglich, wenn man nicht die Begriffe von Freyheit und Zurechnungsfähig= keit mit ganz falschen Merkmalen denken will. Frey=

heit

heit ift nämlich ohne den Gebrauch der Vernunft nicht
möglich. Der Gebrauch der Vernunft wird aber aller=
erft durch die Erfahrung entwickelt, und daß mit der
Geburt des Menfchen auch fchon die Wirkfamkeit und
der Gebrauch der Vernunft in ihm da fey, ftreitet mit
allen Erfahrungen. Es ift mithin gar nicht anzuneh=
men möglich, daß der Menfch fchon vor allem in der
Erfahrung gegebenen Gebrauche der Vernunft und
Freyheit böfe und der Zurechnung fähige Maximen an=
genommen habe, oder man müßte mit dem Plato an=
nehmen, daß unfere Seele fchon vor ihrer Verbindung
mit dem Körper im gegenwärtigen Leben mit Bewußt=
feyn ihrer felbft und mit Anwendung ihrer Kräfte
exiftirt hätte, welches wieder ein Poftulat der Vernunft
wäre, fo aber im Grunde mit nichts erwiefen werden
könnte und allenfalls nur darzu diente, die Lehre der
Kirchen = Dogmatik vom angegebenen Böfen in der
menfchlichen Natur denkbar zu machen. Ich mögte
endlich auch wohl wißen, wie man das radikale Böfe
für zurechnungsfähig erklären könne, wenn es in einem
Hange zur Annehmung böfer Maximen befteht und
ieder Hang, wie S. 20. in der philofophifchen Reli=
gionslehre gefagt wird, die Prädispofition zum Be=
gehren einer Sache ausmacht. Denn eine Prädispo=
fition zu einer Wirkfamkeit zeigt doch allezeit das Da=
feyn beftimmender Gründe zu einer Wirkfamkeit an, die
fich fogleich äußern, als gewiße Objekte auf den mit ei=
ner Prädispofition verfehenen Gegenftand Einfluß ha=
ben, und man kann daher mit Recht fagen, ieder
Magnet habe eine Prädispofition, das Eifen an fich
zu ziehen, oder der Menfch habe eine Prädispofi=
tion,

tion, das Angenehme zu begehren, und das Unan-
genehme zu verabscheuen. —— ——

Auf die zweyte Frage aber weis ich keine andere
Antwort zu geben, als daß, weil uns Menschen dieienige Einsicht gänzlich fehlt, welche zur Bestimmung
der Größe und Allgemeinheit des sittlichen Verderbens
in der menschlichen Natur erforderlich ist, wir auch gar
kein Urtheil darüber fällen, sondern dieses Urtheil dem
Allwißenden, der allein im Stande ist, die Tiefen des
menschlichen Herzens zu erforschen, gänzlich überlaßen
sollen. Jeder suche nur selbst ein moralisch guter Mensch
zu werden, und bekümmere sich nicht darum, ob andere
Menschen, die Maxime des Guten in ihre Gesinnungsart bereits aufgenommen haben, oder nicht. Zu seiner
eigenen Beßerung ist die Kenntniß des erstern oder letztern keinem Menschen nöthig. Und da der Grundsatz
der ehemals dafür gehaltenen christlichen Orthodoxie;
quilibet praesumitur malus, zu den gröbsten Ungerechtigkeiten gegen die Menschheit Anlaß gegeben hat,
und zur Beschönigung der offensten Verletzungen der
heiligsten Rechte der Menschen gebraucht worden ist und
noch immer gebraucht wird; so sorge insbesondere ieder,
der auf die Ueberzeugungen anderer Einfluß hat, dafür,
daß der Grundsatz, quilibet praesumitur bonus,
donec probatur contrarium, bey deßen Befolgung sich sowohl die Menschheit im Ganzen, als auch
ieder einzelne Mensch, der ihn befolgte, gut gestanden
hat, immer mehr und mehr ausgebreitet werde, und
auf das Betragen der Menschen gegen einander wirke.
Durch diesen Grundsatz wird übrigens auch die heilsame

Vor-

Vorschrift der moralischen Ascetik, in der sittlichen Ausbildung bey iedem Menschen immer vorauszusetzen, er
enthalte einen Hang zum Bösen, der bereits wirksam
gewesen ist, und befinde sich nicht mehr in einem Zustande der Unschuld, gar nicht beeinträchtiget oder aufgehoben; denn diese Vorschrift ist doch nur eine Regel
der Vorsicht, wodurch verhindert werden soll, daß
kein einziger von denen, die der sittlichen Ausbildung
bedürftig sind, falsch behandelt werde, und ihre Giltigkeit stützt sich keinesweges auf die Voraussetzung und
Gewißheit, daß noch kein einziger Mensch einen Anfang in seiner sittlichen Ausbildung gemacht, und die
Maxime des Guten zu befolgen sich wirklich vorgesetzt
habe, und sich auch niemals vorsetzen werde. Ja bey
dieser letztern Voraussetzung würde es überdieß auch
zwecklos seyn, für die moralische Ausbildung des Menschen irgend etwas zu thun.

Noch kommt im ersten Stück der philosophischen
Religionslehre eine wichtige Erklärung vor, auf welche
ich meine Leser zum wenigsten aufmerksam machen muß.
Sie betrifft die Vereinbarkeit der Lehre von der Frey-
heit der menschlichen Handlungen mit der Lehre von der
Naturnothwendigkeit eben dieser Handlungen, und der
Verfaßer behauptet von dieser Vereinbarkeit, sie sey im
Grunde unmöglich. (S. 58.) Was enthält man aber
wohl dieses Bekentniß von der Unvereinbarkeit des Prä-
determinismus der menschlichen Handlungen mit der
Freyheit eben derselben? Im Grunde nichts anders,
als

als die Erklärung: Die philosophirende Vernunft geräth nothwendig auf Widersprüche, wenn sie den Ursprung der menschlichen Handlungen bestimmen will. Sie muß nämlich annehmen, daß diese Handlungen ein nothwendiges Produkt einer in der Zeit vorhergegangenen Ursache, und zugleich auch etwas Zufälliges seyen, das aus der Willkühr herrührt, und deßen Gegentheil im Augenblicke des Geschehens ganz in der Gewalt des handelnden Subiekts war. Sie muß denken, daß eine und dieselbe Handlung aus Naturnothwendigkeit und zugleich auch aus deren contradictorisch opponirtem Gegentheil, nämlich aus der Freyheit herrühre. Wie ist nun aber wohl die Annahme dieses doppelten sich selbst widersprechenden Charakters der menschlichen Handlungen mit dem Grundsatze vereinbar, daß alles, was die philosophirende Vernunft für wahr halten soll, vollkommen vereinbar seyn müße und sich nicht widersprechen dürfe? Ist dieser Grundsatz richtig und ist es auch wahr, daß die philosophirende Vernunft einen doppelten, ganz unvereinbaren Ursprung der menschlichen Handlungen, nämlich in theoretischer Rücksicht einen nothwendigen, in praktischer aber einen freyen und zufälligen, annehmen muß; so wäre ia die Behauptung vollkommen gerechtfertiget, daß ein vollendetes System der Philosophie, worzu völlige Uebereinstimmung und Vereinbarkeit aller Grund- und Lehrsätze wesentlich erforderlich ist, unter die Unmöglichkeiten gehöre, für deren Realisirung man vergeblich arbeite; und da diese Behauptung das Eigenthümliche des philosophischen Skeptizismus ausmacht, so enthielte dieser ia gerade die vernunftmäßigste Erklärung über die Philosophie

und

und deren Möglichkeit. Mancher von den Freunden der kritischen Philosophie wird freylich hierbey einwenden, es ist gar kein Widerspruch darinn, zu denken, daß die menschlichen Handlungen dem Gesetz der Naturnothwendigkeit unterworfen sind, und zugleich auch aus Freyheit herrühren. Nothwendigkeit kommt ihnen nämlich zu als Phänomenen in der Sinnenwelt, der Ursprung aus Freyheit und die Zufälligkeit aber kommt ihnen als Dingen an sich zu. Eben so kann man auch denken, daß Dinge im Raume sind, und zugleich auch nicht im Raume sind. Im Raume sind sie nämlich als Phänomene und Erscheinungen, als Dinge an sich aber sind sie in keinem Raume. Allein verstehen sich auch wohl diejenigen, die auf diese Art die Freyheit der menschlichen Handlungen mit der Nothwendigkeit eben derselben vereinbar finden? Was sind denn Handlungen als Dinge an sich, und mag man sich wohl dieselben als solche denken können? Handlungen sind ja Wirkungen einer Ursache, und müßen in der Zeit auf die Ursache folgen, mithin nach dem kritischen System nothwendig seyn. Handlungen, die nicht unter Zeitbedingungen stehen, sind gar nichts, und mithin sind Handlungen als Dinge an sich gar nicht gedenkbar. Wenn man daher sagt: Handlungen als Erscheinungen sind nothwendig und eben dieselben sind als Dinge an sich frey und zufällig, so ist dieß eben so sich selbst widersprechend, als wenn man behauptete, die ausgedehnte Substanz existirt als Erscheinung in dem Raume, als Ding an sich aber existirt sie in keinem Raume; denn eine ausgedehnte Substanz, die in keinem Raume existirte, ist ein Unding. Und unsere moralisch

G   richten-

richtende Vernunft nimmt ja wahrlich nicht unsere Handlungen für Dinge an sich, wenn sie denselben Zurechnungsfähigkeit beylegt; sie beurtheilt solche nach dem,
was sie in der uns Menschen möglichen Erkentniß sind,
und sagt, daß wir in dem Augenblicke, da wir den
Entschluß zu einer Handlung faßten, eben denselben trotz
aller Veranlaßungen darzu, die in der Zeit vorhergien-
gen, und worauf der Entschluß sich eräugnete, auch
hätten unterlaßen können. (*) — Doch es soll dieß
nur Andeutung eines unauflösbaren Problems seyn, auf
welches uns die kritische Philosophie nothwendig führt,
und noch mehr darüber anzuführen ist hier der Ort nicht,
weil die Frage: Inwieferne die menschlichen Handlungen frey sind? nicht unmittelbar zur philosophischen Religionslehre gehört.

Das

(*) In der Unvereinbarkeit der Freyheit der menschlichen
Handlungen mit deren Naturnothwendigkeit eb.ndersel-
ben ist auch wohl der Grund davon zu suchen, daß einige
Freunde der kritischen Philosophie die Freyheit für etwas
erklärt haben, das unmittelbar im Bewußtseyn vorkomme und aus Thatsachen in demselben erweislich sey. Man
vermeidet hierdurch freylich die Auflösung des Räthsels,
wie Naturnothwendigkeit und Freyheit der menschlichen
Handlungen mit einander vereinbar seyen; allein ist denn
nach der kritischen Philosophie eine im Bewußtseyn unmittelbar als Thatsache vorkommende Freyheit möglich,
und wenn diese möglich und wirklich ist, wie sieht es dann
um die Wahrheit der Critik des Verstandes und seiner
Begriffe a priori aus?

Das zwepte Stück der philofophifchen Religionslehre befteht aus zwepen Abfchnitten, davon der erfte die Rechtsanfprüche des guten Princips auf die Herrfchaft über den Menfchen, der zwepte aber die Rechtsanfprüche des böfen Princips auf die Herrfchaft über den Menfchen und den Kampf bepder Principien mit einander erörtert. In dem erften Abfchnitte wird von der perfonificirten Idee des guten Princips, von der obiektiven Realität diefer Idee, von den Schwierigkeiten gegen die Realität diefer Idee und von der allein möglichen Auflöfung diefer Schwierigkeiten gehandelt. Der zwepte Abfchnitt zeigt zuvörderft an, was das Neue Teftament vom Verfall des Menfchen ins Böfe, wie auch von den Menfchen lehre, durch deren Gebrauch der Menfch wieder von der Herrfchaft des böfen Princips frep werden kann. Angefügt find diefem Stücke noch einige Betrachtungen über die Entbehrlichkeit der Wunder zum Beweis der Giltigkeit einer moralifchen Religion, und über die Wunder überhaupt.

Das Vorzüglichfte in diefem zwepten Stücke ift wohl der Beweis, daß die Vernunft vollkommen im Stande fep, die Hofnung des gebeßerten Menfchen auf die losfprechung von feiner Schuld zu begründen, und diefe losfprechung mit der göttlichen Gerechtigkeit zu vereinigen, welcher Beweis, fo viel mir bekannt ift, noch von keinem einzigen Philofophen fo vollftändig und genugthuend ausgeführt worden ift, als wie er hier ausgeführt wird.

Auch unterfchreibe ich alles dasjenige, was in diefem zwepten Stücke fowohl über die Wunder überhaupt,

und

und über die Unmöglichkeit, mit einiger Gewißheit ein-
zusehen, daß ein Faktum in der Sinnenwelt ein theisti-
sches oder dämonisches Wunder sey, als auch über die
Entbehrlichkeit der Wunder zum Beweis der Wahrheit
einer moralischen Religion gesagt worden ist. Es ist
zwar das Nämliche von sehr vielen selbstdenkenden Kö-
pfen schon oft, und zwar aus denselben Gründen erwiesen worden; Allein da der Irrthum noch immer sehr
ausgebreitet ist, als seyen Wunder zur Befestigung der
Giltigkeit der moralischen Religion unentbehrlich, und
da man sogar neuerlich auf eine ziemlich scheinbare Art
aus der sittlichen Natur Gottes hat erweisen wollen, daß
unter gewißen Umständen Wunder zu erwarten und zu
glauben seyen; so ist es gewiß nicht ohne Nutzen, daß
ein Mann von dem Gewichte, wie Kant, sich auch
deutlich gegen diesen Irrthum erklärt, und die Ver-
nunftwidrigkeit deßelben dargethan hat. Mögte doch
endlich auch der Verfaßer in der Art und Weise, wie
er sich S. 117. über die Glaubwürdigkeit der Wunder
erklärt, die bey der Introduction des Christenthums
vorgefallen seyn sollen, recht viele Nachfolger finden.

Allein der Wahl der Bilder, womit der Verfaßer
das Ideal der Menschheit in ihrer ganzen moralischen
Wollkommenheit in diesem Stücke der philosophischen
Religionslehre ausgeschmückt hat, kann ich unmöglich
unbedingten Beyfall geben. Diese Bilder sind nämlich von demjenigen entlehnt, was einige christliche Kirchensysteme mit Rücksicht auf gewiße zum Theil miß-
verstandene Stellen der heiligen Schrift von dem Stifter des Christenthums, als dem Sohne Gottes und dem
Erlö-

Erlöser des ganzen menschlichen Geschlechts, lehren und
behaupten. Nun will ich ganz und gar nicht leughnen,
daß es dem Philosophen erlaubt sey, manches aus dem
in einem Lande giltigen Kirchensysteme, oder aus einer
dafür gehaltenen heiligen Schrift zu entlehnen, und es
in einer der Vernunft angemeßenen, dem Kirchensysteme und der dafür gehaltenen heiligen Schrift aber
nicht angemeßenen Bedeutung zu gebrauchen. Denn
warum sollte der Philosoph hierzu nicht eben so gut be-
rechtiget seyn, als zum Gebrauch einer Stelle aus dem
Homer oder Horaz in einer der Philosophie angemeß-
senen Bedeutung, an die der Verfaßer der Stelle wohl
niemals gedacht hat? Auch räume ich gerne ein, daß
die Ausschmückung des Ideals der moralischen Menschheit, wie solche in der philosophischen Religionslehre gegeben worden ist, einen seltenen Witz verräth, und mancher Leser wird gewiß deßhalb diese Ausschmückung mit
Vergnügen gelesen haben. Allein es fragt sich, ob ein
solcher Gebrauch, den der Philosoph von den Dogmen
des Kirchensystems und von einer dafür gehaltenen heiligen Schrift macht, und ob die Ausschmückung des
Ideals der Menschheit mit orientalischen Bildern und
Redensarten, auch nützlich sey, und besonders in moralischer Rücksicht einen Werth habe? Diesen Nutzen
kann ich nun aber schlechterdings nicht einsehen. Dadurch nämlich, daß man vom Ideal der moralischen
Menschheit sagt — es sey in Gott von Ewigkeit her,
— es sey das Wort, durch welches alle andere Dinge
sind, und ohne das nichts existirt, was gemacht ist, —
es sey der Abglanz der Herrlichkeit Gottes, — in ihm
habe Gott die Welt geliebt, und durch daßelbe können

G 3   wir

wir hoffen Gottes Kinder zu werden, — es habe sich
durch seine Vereinigung mit uns in einen Stand der
Erniedrigung versetzt, — es sey der Sohn Gottes,
der uns vor Gott rechtfertige und ewig selig mache; —
und dadurch, daß man dieß alles zu einem der bloßen
Vernunft angemeßenen Sinne deutet, wird weder die
Erkentniß des Ideals der moralischen Menschheit deut-
licher gemacht, noch auch das Bestreben, diesem Ideal
ähnlich zu werden, im geringsten mehr erweckt und belebt. Diese ganze Anwendung biblischer Bilder und
Redensarten auf eine Idee der Vernunft, die fremb-
artiger Ausschmückungen zu ihrer Giltigkeit gar nicht
bedarf, ist vielmehr dem Schwachen in der Religion
ein Aergerniß, indem dadurch nach seiner Meynung das
Heiligste, was er kennt, herabgewürdigt wird; dem
Starken aber, der den Werth des Positiven in der
Religion kennt und richtig schätzt, ist sie eine Thorheit,
indem dadurch nach seiner Meynung die Gränzen, wel=
che die wahre Religion von dem Aberglauben trennen,
wieder unkennbar gemacht, und tief eingewurzelte
Vorurtheile bey denen begünstiget und unterhalten werden, welche weder Muth noch Kraft genug haben, sich
von demselben loszumachen. Der Verfaßer hat nun
freylich wohl durch die Ausschmückung des Ideals der
moralischen Menschheit mit orientalischen Bildern weder
dem Schwachen noch auch dem Starken im religiösen
Glauben anstößig seyn, sondern nur die Sprache des
bey uns giltigen Kirchensystems zu einem vernunftmä-
ßigen und moralischen Sinne deuten wollen. Da er
nun von der Pflichtmäßigkeit und der Beschaffenheit dieser moralischen Auslegung des Kirchensystems und einer

dafür

dafür gehaltenen heiligen Schrift in folgenden Stücke der philosophischen Religionslehre ausführlich handelt, so will ich auch, was noch gegen die Ausschmückung des Ideals der moralischen Menschheit mit biblischen Bildern zu sagen wäre, bis auf die Untersuchungen über das dritte Stück versparen.

In diesem dritten Stücke der philosophischen Religionslehre wird von den Mitteln gehandelt, wodurch dem guten Princip der Sieg über das böse Princip verschafft und das Reich Gottes auf Erden gegründet werden kann. Zu diesen Mitteln gehört nun, wie der Verfaßer behauptet, die Errichtung einer ethisch‐bürgerlichen Gesellschaft unter den Menschen, die eben daher auch Pflicht ist. Diese Pflicht, von der in der philosophischen Religionslehre selbst gesagt wird, sie sey eine Pflicht von ganz eigener Art, verdient schon genauer untersucht zu werden. Ich will aber erst die Erklärung des Verfaßers über diese Pflicht anführen.

I. „Den Anfechtungen des bösen Princips bleibt selbst ieder gutgesinnte Mensch, wenn er gleich unter der Anführung des guten Princips daßelbe bekämpft hat, immer ausgesetzt. In diesem gefahrvollen Zustande ist der Mensch gleichwohl durch seine eigene Schuld, folglich ist er auch verbunden, soviel er vermag wenigstens Kraft anzuwenden, um sich aus demselben heraus zu arbeiten.“ Philosoph. Religionslehre S. 127. f.

II.

II. „Wenn sich der Mensch nun nach den Ursachen und Umständen umsieht, die ihm diese Gefahr zu-
ziehen, und darinn erhalten, so kann er sich leicht überzeugen, daß sie ihm nicht sowohl von seiner eigenen rohen Natur, sofern er abgesondert da ist, sondern von
Menschen kommen, mit denen er in Verhältniß und
Verbindung steht. Nicht durch die Anreize der erstern werden die eigentlich so zu benennenden Leiden-
schaften in ihm rege, welche so große Verheerungen in
seiner ursprünglich guten Anlage anrichten. Seine Bedürfnße sind nur klein, und sein Gemüthszustand in
Besorgung derselben ist gemäßigt und ruhig. Er ist
nur arm (oder hält sich dafür), sofern er besorgt, daß
ihm andere Menschen dafür halten und darüber ver-
achten mögten. Der Neid, die Herrschsucht, die Habsucht und die damit verbundenen feindseligen Neigungen bestürmen alsbald seine an sich genügsame Natur,
wenn er unter Menschen ist, und es ist nicht einmal nöthig, daß diese schon als im Bösen versunken,
und als verleitende Beyspiele vorausgesetzt werden; es
ist genug, daß sie da sind, daß sie ihn umgeben, und
daß sie Menschen sind, um einander wechselseitig in
ihrer moralischen Anlage zu verderben, und sich einander böse zu machen." Philosoph. Religionsl. S. 128.

III. „Wenn nun keine Mittel ausgefunden werden
könnten, eine ganz eigentlich auf die Verhütung dieses
Bösen und zur Beförderung des Guten im Menschen
abzweckende Vereinigung, als eine bestehende, und sich
immer ausbreitende, blos auf die Erhaltung der Moralität ausgelegte Gesellschaft zu errichten, welche mit
ver-

vereinigten Kräften dem Bösen entgegenwirkte; so
würde dieses, soviel der einzelne Mensch auch gethan
haben mögte, um sich der Herrschaft deßelben zu ent-
ziehen, ihn doch unabläßig in der Gefahr des Rückfalls
unter dieselbe erhalten." Philos. Religionsl. S. 129.
und 226.

IV. „Die Herrschaft des guten Princips, sofern
Menschen darzu hinwirken können, ist also, soviel wir
einsehen, nicht anders erreichbar, als durch Errichtung
und Ausbreitung einer Gesellschaft nach Tugendgesetzen
und zum Behuf derselben; einer Gesellschaft, die dem
ganzen Menschengeschlecht in ihrem Umfange sie zu be-
schließen, durch die Vernunft zur Aufgabe und zur
Pflicht gemacht wird." Philos. Religionsl. S. 129.

V. „Dem ethischbürgerlichen Zustande steht der
ethische Naturzustand entgegen, und dieser ist ein Zustand der unaufhörlichen Befehdung des guten Princips
im Menschen durch das Böse, welches in ihm und zugleich in iedem andern angetroffen wird, die sich einander wechselseitig ihre moralische Anlage verderben, und
selbst bey dem guten Willen iedes einzelnen, durch den
Mangel eines sie vereinigenden Princips sie, gleich als
ob sie Werkzeuge des Bösen wären, durch ihre Mis-
helligkeiten von dem gemeinschaftlichen Zwecke des Guten entfernen, und einander in Gefahr bringen, seiner
Herrschaft wiederum in die Hände zu fallen." Philos.
Religionsl. S. 134.

VI. „Hier haben wir nun eine Pflicht von ihrer
eigenen Art, nicht der Menschen gegen Menschen, son-

G 5

dern

dern des menschlichen Geschlechts gegen sich selbst. Jede Gattung vernünftiger Wesen ist nämlich obiektiv, in der Idee der Vernunft, zu einem gemeinschaftlichen Zwecke, nämlich der Beförderung des höchsten, als eines gemeinschaftlichen Guts, bestimmt. Weil aber das höchste sittliche Gut durch die Bestrebung der einzelnen Person zu ihrer eigenen moralischen Vollkommenheit allein nicht bewirkt wird, sondern eine Vereinigung derselben in ein Ganzes zu eben demselben Zwecke, zu einem System wohlgesinnter Menschen erfordert, in welchem und durch deßen Einheit es allein zu Stande kommen kann, die Idee aber von einem solchen Ganzen, als einer allgemeinen Republik nach Tugendgesetzen, eine von allen moralischen Gesetzen (die das betreffen, wovon wir wißen, daß es in unserer Gewalt stehe), ganz unterschiedene Idee ist, nämlich auf ein Ganzes hinzuwirken, wovon wir nicht wißen können, ob es als ein solches auch in unserer Gewalt stehe: so ist die Pflicht der Art und dem Princip nach, von allen andern unterschieden, und bedarf der Voraußetzung einer andern Idee, nämlich der Idee eines höhern moralischen Wesens, durch deßen allgemeine Veranstaltung die für sich unzulänglichen Kräfte der Einzeln zu einer gemeinschaftlichen Wirkung vereinigt werden. (*)" Philosoph. Religionsl. S. 135 u. 136.

VII.

(*) Beyläufig verdient hierbey noch angemerkt zu werden, daß, wenn es wirklich eine Pflicht für Menschen wäre, einen ethisch-bürgerlichen Staat zu errichten, und wenn wir mit Sicherheit annehmen können, es existire das auch außer

VII. „Der Begriff eines ethischen gemeinen Wesens
ist daher der Begriff von einem Volke Gottes unter
ethischen Gesetzen, welcher Begriff sich aber unter mensch-
licher Veranstaltung nicht anders, als in der Form einer
Kirche ausführen läßt. Ein moralisches Volk Gottes
zu stiften, ist also ein Werk, dessen Ausführung nicht
von Menschen, sondern nur von Gott selbst erwartet
werden kann. Deßwegen ist aber doch dem Menschen
nicht erlaubt, in Ansehung dieses Geschäfftes unthätig
zu seyn, und die Vorsehung walten zu laßen, als ob
ein ieder nur seiner moralischen Privatangelegenheit
nachgehen, das Ganze der Angelegenheit des menschlichen Geschlechts aber (seiner moralischen Bestimmung
nach) einer höhern Weisheit überlaßen dürfe. Er
muß vielmehr so verfahren, als ob alles auf ihn ankomme, und nur unter dieser Bedingung darf er hoffen,
daß höhere Weisheit seiner wohlgemeynten Bemühung
die Vollendung werde angedeihen laßen." Philos. Religionsl. S. 140 u. 141.

VIII.

außer uns, was zur Erfüllung einer Pflicht als Bedingung unentbehrlich ist, aus der Pflicht, einen ethisch-
bürgerlichen Staat zu errichten mit mehrerer Gewißheit
auf das Daseyn Gottes geschloßen werden kann, als aus
der Pflicht, das höchste vollendete Gut in der Welt hervorzubringen. Jene Pflicht enthält nämlich keinen Bestandtheil der aus den Neigungen der Selbstliebe herrührte, und ist so zu sagen eine ganz reine Pflicht. Diese
aber ist, wie wir oben aus der Analyse der Idee des höchsten vollendeten Guts gesehen haben, in ihrer Quelle sehr
unrein, und hat auf die Forderungen der Selbstliebe und
auf eine Gesinnung Beziehung, die im Menschen gar
nicht da seyn sollte.

VIII. „Man kann aber mit Grunde sagen: daß das Reich Gottes zu uns gekommen sey, wenn auch nur das Princip des allmähligen Ueberganges des Kirchenglaubens zur allgemeinen Vernunftreligion, und so zu einem (göttlichen) ethischen Staat auf Erden, allgemein und irgendwo auch öffentlich Wurzel gefaßt hat: obgleich die wirkliche Errichtung deßelben noch in unenblicher Weite von uns entfernt liegt. Denn, weil dieses Princip den Grund einer continuirlichen Annäherung zu dieser Vollkommenheit enthält, so liegt in ihm, als in einem sich entwickelnden, und in der Folge wiederum besaamenden Keime das Ganze (unsichtbarer Weise) welches dereinst die Welt erleuchten und beherrschen soll. Das Wahre und Gute aber, worzu in der Naturanlage iedes Menschen der Grund, sowohl der Einsicht als des Herzensantheils liegt, ermangelt nicht, wenn es einmal öffentlich geworden, vermöge der natürlichen Affinität, in der es mit der moralischen Anlage vernünftiger Wesen überhaupt steht, sich durchgängig mitzutheilen. Die Hemmung durch politische bürgerliche Ursachen, die seiner Ausbreitung von Zeit zu Zeit zustoßen mögen, dienen eher darzu, die Vereinigung der Gemüther zum Guten (was, nachdem sie es einmal ins Auge gefaßt haben, ihre Gedanken nie verläßt), noch desto inniglicher zu machen." Philos. Religionslehre S. 181. —— —

Hier lernen meine Leser eine Pflicht von ganz eigener Art kennen, die, soviel ich weis, noch von keinem einzigen Moralisten aufgestellt und zur Ausübung empfohlen worden ist. Ich muß iedoch bekennen, daß

. das

das Raisonnement des Verfaßers der philosophischen
Religionslehre, wodurch er die Giltigkeit dieser nach
seinem eigenen Ausspruche nicht einzelnen Menschen,
sondern dem ganzen menschlichen Geschlecht von der moralischgesetzgebenden Vernunft vorgeschriebenen Pflicht
darthut, durchaus nicht verstanden habe. Ob die
Schuld hiervon an mir liege, oder an diesem Raisonnement selbst, das wird sich aus folgenden Bemerkungen leicht abnehmen laßen.

1. Sollte der Mensch den Angriffen und Verführungen des bösen Princips nicht weiter ausgesetzt seyn
und bleiben (das heißt, sollte es nicht mehr möglich seyn,
daß das böse Princip den Willen des Menschen afficirte
und in die Maxime deßelben aufgenommen würde); so
müßte der Mensch aufhören frey zu seyn, (die Freyheit
besteht nämlich laut der eigenen Erklärung des Verfas-
sers der philosophischen Religionslehre darinn, daß der
Mensch eben sowohl gute, als böse Maximen in seine
Willkühr aufnehmen kann) und mithin aufhören Mensch
zu seyn, denn die Freyheit und die Anlage darzu ist ein
wesentliches Merkmal des Menschen. Ist es also
Pflicht für den Menschen, sich von den Angriffen des
bösen Princips gänzlich zu befreyen, so ist es Pflicht
für den Menschen, zu machen und seine Kräfte darzu
anzuwenden, daß er aufhöre ein Mensch zu seyn.
Dieß ist wirklich eine Pflicht von ganz eigener Art;
und doch kann man aus den Sätzen, woraus der Verfaßer die Pflicht, einen ethischen Staat zu errichten,
zu erweisen anfängt, nichts anders folgern.

2. Es

2. Es ist iedes Menschen Pflicht, in denienigen
Zustand sich niemals zu begeben, oder wenn er durch
Unvorsichtigkeit und zufällige Ursachen darein gerathen
ist, denselben sogleich zu verlaßen, in welchem ihm die
Gefahr drohet, in seinen moralischen Anlagen verdorben
zu werden, und man muß alle Gelegenheiten und
Verführungen zum Sündigen vermeiden. Ist nun
die Verbindung des Menschen mit Menschen dasienige, was ihm eigentlich die Gefahr bringt, in seinen
moralischen Anlagen verdorben, und zur Aufnahme gesetzwidriger Maximen in seine Willkühr verführt zu
werden; so ist es Pflicht für ieden Menschen, sich von
der Verbindung und dem Umgange mit Menschen, so
bald, wie nur möglich, los zu machen, und sein Leben in
einer gänzlichen Trennung von allen übrigen Menschen
zuzubringen. Fuge homines et saluaberis, ist
alsdann iedem Menschen zuzurufen, wenn man ihm zeigen will, wie er ein beßerer Mensch werden könne. —
Man wende hierbey nicht ein, daß dieß eine absurde
Folgerung sey, weil durch die Errichtung eines ethischen Staats nach bloßen Tugendgesetzen die Gefahr,
von andern Menschen zum Bösen verführt zu werden,
gänzlich aufgehoben werde. Denn wird der Mensch,
wie der Verfaßer der philosophischen Religionslehre
sagt, schon allein dadurch in seinen moralischen Anlagen
verdorben und zum Bösen verführt, daß er unter Menschen ist, und ist es hierzu nicht einmal nöthig, daß
diese schon im Bösen versunken sind, und durch ihr Beyspiel zum Bösen verleiten, sondern ist hierzu schon dieß
genug, daß sie da sind, daß sie ihn umgeben, und
daß sie Menschen sind; so ist es ganz unzweckmäßig,

dem

dem Menschen anzurathen, er solle, mit seines gleichen
in eine ethische bürgerliche Gesellschaft treten, um dadurch der Verführung zum Bösen zu entgehen, welche
unausbleiblich aus ieder Verbindung mit andern Menschen, selbst wenn diese auch nicht moralisch verdorben
sind, und ihm gar kein böses Beyspiel geben, sondern sich äußerlich ganz untadelhaft betragen, für ihn
entsteht. Denn durch die Errichtung eines solchen
ethischen Staats hört der Mensch ia nicht auf, mit andern Menschen in Verbindung zu stehen; mithin dauert
für ihn die Gefahr, durch das Daseyn anderer Menschen und durch die Verbindung mit ihnen zum Bösen
verleitet zu werden, selbst nach der Errichtung eines
ethischen Staats, und wenn derselbe auch aus lauter
Mitgliedern besteht, deren Betragen äußerlich ganz untadelhaft und sogar exemplarisch ist, noch immer fort.
Das Mittel also, das in der philosophischen Religionslehre vorgeschlagen wird, um die Verführung der Menschen zum Bösen zu verhüten und zu verhindern, ist
ganz unbrauchbar und kann niemals zu dem dabey beab-
sichtigten Zwecke führen.

3. Jede Handlung, die für Menschen Pflicht seyn
soll, muß etwas ausmachen, das von Menschen bewirkt und hervorgebracht werden kann. Alle Pflichten
sind nämlich Bestimmungen für das Begehrungsvermögen; das Begehrungsvermögen ist aber das Vermögen
Ursache von der Wirklichkeit eines Etwas zu seyn, und
der moralische Entschluß ist ein Entschluß, den Geboten
des moralischen Gesetzes gemäß Ursache von der Wirklichkeit eines Etwas seyn zu wollen. Kein vernünftiger

ger Mensch kann sich also zu etwas Unmöglichem entschließen; denn dieß wäre eben so viel, als wenn er sich
entschlöße, Ursache von der Wirklichkeit eines Etwas
seyn zu wollen, wovon er weis, daß er nicht Ursache
davon seyn kann, und ein solcher Entschluß ist nicht allein physisch unmöglich, sondern streitet auch selbst mit
der Gesetzgebung der moralischen Vernunft, welche alle
Handlungen verbietet, deren Maxime einen Widerspruch enthält, und auf Widersprüche führt. Jede
Pflicht enthält strenge Verbindlichkeit, und es steht gar
nicht in unserer Willkühr, ob wir sie ganz, oder nur
zum Theil erfüllen wollen, wir sollen sie ganz ausüben. Diese Verbindlichkeit würde aber wegfallen,
wenn zur Pflicht eine Handlung gehörte, die nicht in
unserer Gewalt stünde. Wahre Pflichten gebieten auch
niemals mehr, als was wir leisten können, und man
wird es gewiß niemals einem Menschen einschwatzen
können, daß dasjenige seine Pflicht sey, wovon er ein-
sieht, es übersteige alle seine Kräfte. Diesemnach
kann auch die Realisirung der Idee von einem ethisch-
bürgerlichen Staate keine Pflicht für den Menschen
seyn, denn diese Realisirung ist für den Menschen ganz
unmöglich und übersteigt alle seine Kräfte. (*) Nach
der eigenen Erklärung des Verfaßers S. 138. gehören
nämlich

(*) Der Verfaßer sagt S. 135; Die Pflicht einen ethisch-
bürgerlichen Staat zu stiften, ist nicht eine Pflicht der
Menschen gegen Menschen, sondern des menschlichen
Geschlechts gegen sich selbst. Allein das menschliche
Geschlecht ist ja nur ein Abstraktum, und können denn
Abstrakta Pflichten auf sich haben?

nämlich zu einem solchen Staate folgende Eigenschaften,
a) Alle Mitglieder des menschlichen Geschlechts müssen durch die freye Annahme moralisch guter Gesinnungen Bürger dieses Staats seyn. b) In einem solchen
Staate muß eine öffentliche Gesetzgebung da seyn,
welche von dem Willen eines Obern herrühren muß,
deßen Vorschriften insgesammt auch ethische Gesetze
sind. c) Dieser Regent des ethischen Staats muß
ein Herzenskündiger seyn, der iedem Mitgliede des
Staats zukommen läßt, was seine Thaten werth sind.
— Nun ist aber kein Mensch vermögend, auch nur
ein einziges dieser zu einem ethisch = bürgerlichen Staate
nothwendig erforderlichen Stücke hervorzubringen, und
der Entschluß darzu widerspricht sich selbst. Der Satz
nämlich: Ein Mensch kann Ursache davon seyn, daß
ein anderer Mensch moralisch beßer wird, enthält einen
Widerspruch; denn moralische Beßerung muß, als
solche, ein Probukt der Freyheit und Willkühr eines ie-
ben Menschen seyn. Anräthig können wir es wohl an-
bern Menschen seyn, daß sie sich beßern, oder durch
Worte sie über ihre Pflichten belehren, und durch ein
gutes äußeres Betragen sie zur Erfüllung derselben auf-
muntern; Allein daß sie sich wirklich beßern, und in
Gemeinschaft mit uns einen ethisch-bürgerlichen Staat
zu errichten anfangen, können wir niemals bewirken.
Daß ferner die ethischen Gesetze zugleich auch von einem Obern öffentlich bekannt gemacht und als öffentliche Gesetze gegeben werden, kann der Mensch eben so
wenig bewirken, denn er kann nicht auf das höchste
moralische Wesen wirken. Und aus dem nämlichen
Grunde kann auch kein Mensch machen, daß dieses

H   höchste

höchste moralische Wesen seine Gesetzgebung handhabe,
und iedem Mitgliede eines ethischen Staats zukommen
laße, was deßen Thaten werth sind. Kein Mensch,
der sich seiner Vernunft und der Gränzen seines Vermögens, etwas wirklich zu machen, bewußt ist, kann
daher die Errichtung eines ethischen Staats Gottes
für etwas halten, das von seiner eigenen Thätigkeit
abhängig, und worzu er verpflichtet wäre; denn die
Errichtung eines solchen Staats liegt gänzlich außer
dem Wirkungskreise seiner Kräfte. Nur so viel steht
in der Macht eines Menschen, daß er seine eigene moralische Vollkommenheit bewirke, und sich dadurch zum
Bürger eines ethischen Staats qualificire, im Fall dieser durch eine höhere Veranstaltung errichtet wird; und
dieß ist auch alles, was die Vernunft und das Gebot
der Pflicht von ihm fordern. Wünschen muß freylich
ein ieder Mensch, daß ein solcher ethischer Staat existire; beßwegen ist es aber noch nicht die Pflicht eines
Menschen, diesen Staat zu bewirken, und dabey so zu
verfahren, als ob alles blos auf ihn und seine eigene
Thätigkeit ankomme. Jeder Mensch muß und wird
auch, wenn er seine moralische Vernunft über das, was
die Menschen seyn sollen, befragt, wünschen, daß nie
ein Nero gelebt hätte, daß nie Menschen der Hexerey
wegen verbrannt worden, und andere Dinge, die die
Menschheit entehren, nie geschehen wären. Hieraus
folgt aber nicht, daß es Pflicht sey zu bewirken, daß
nie ein Nero gelebt, und Menschen der Hexerey wegen nie verbrannt worden wären. Denn zwischen einem den Ideen der Vernunft angemeßenen und eben
beßwegen nothwendigen Wunsche, und zwischen einer

Pflicht

Pflicht ist ein großer und zwar specifischer Unterschied, der nicht übersehen werden darf, wenn die Lehre von den Pflichten des Menschen nicht in hochfliegende Phantasterey ausarten soll.

4. Ist es wahr, was in der philosophischen Religionslehre S. 181. behauptet wird, daß man nämlich mit Grunde sagen könne, das Reich Gottes sey zu uns gekommen, sobald als das Princip des allmähligen Ueberganges des Kirchenglaubens zur allgemeinen Vernunftreligion, und so zu einem göttlichen ethischen Staat auf Erden, allgemein und irgendwo auch öffentlich Wurzel gefaßt hat, (sobald die wahre moralische Religion öffentlich gelehrt, und der Kirchenglaube darauf zurückgeführt wird), weil von der Verwandschaft des Guten und Wahren mit den moralischen Anlagen vernünftiger Wesen sich mit Recht erwarten läßt, es werde dieses Wahre und Gute sich von selbst unter den Menschen immer mehr und mehr ausbreiten; so ist alles falsch oder doch übertrieben, was in derselben philosophischen Religionslehre von der Pflicht, einen ethischen Staat Gottes zu stiften und von der Beschaffenheit dieser Pflicht und ihrem Unterschiede von allen andern Pflichten, gesagt worden ist. Machen, daß das Princip des allmähligen Ueberganges des Kirchenglaubens zur allgemeinen Vernunftreligion öffentlich Wurzel faße, heißt nämlich nichts anderes, als andere Menschen davon überzeugen, daß die Ausübung aller unserer Menschenpflichten als göttlicher Gebote, das Wesen der wahren Religion ausmache, daß hingegen alles, was nichts zu unserer moralischen Beßerung beyträgt,

H 2 trägt,

trägt, auch keine Verehrung Gottes ausmache, und
dieß auch öffentlich bekennen und lehren. Dieß aber
soll und kann ieder Mensch mehr oder weniger, und
braucht dabey gar nicht auf einen übernatürlichen Bey-
stand Gottes zu warten. Dieß ist auch gar nicht eine
Pflicht, die der Art und dem Prineip nach von allen
andern Pflichten unterschieden wäre. Es ist vielmehr
die Pflicht, die Wahrheit zu bekennen, deren Erkentniß
unter allen Menschen auszubreiten, und das Reich des
Aberglaubens und des Irrthums zu zerstören. Diese
Pflicht ist auch von ieher als eine Menschenpflicht erkannt, und von allen Moralisten vom Sokrates an
empfohlen, ia von vielen tugendhaften Menschen schon
wirklich ausgeübt worden, wie wir zum wenigsten nach
den Aufopferungen zu urtheilen haben, die mancher
Mensch der Ausbreitung der Wahrheit und ihrer Erkentniß, und der Bestreitung des Aberglaubens darge-
bracht hat. In dieser Pflicht ist auch die Pflicht enthalten, Anstalten zu realisiren, wodurch die Erkentniß
der Wahrheit ausgebreitet, die Herrschaft des Irrthums über die menschlichen Gemüther aber vermindert
wird, oder wenn dergleichen Anstalten schon vorhanden
sind, dieselben zu erhalten, zu unterstützen, und ihrem
Zwecke immer angemeßener zu machen.

5. Wollte man hierbey etwa einwenden: „Die
Realisirung der Idee von einem ethisch-bürgerlichen
Staate ist zwar nicht unmittelbar selbst Pflicht; aber
diese Idee kann doch zum Urbilde dienen, durch welches die Menschen in dem, was in Ansehung der allgemeinen Ausbreitung der Moralität zu ihrer Pflicht gehört,

hört, geleitet werden, und eine vollständigere Erkentniß
von dem bekommen, was sie nach dem Gebote der
Pflicht thun sollen": so ist zu bedenken; ob es auch
wohl in moralischer Rücksicht nützlich sey, in die Wis-
senschaft von den menschlichen Pflichten, die nichts weiter vorschreibt, als was wir ausüben sollen und auch
können, wenn wir nur wollen, Ideale hineinzubrin-
gen, deren Realisirung das Menschenvermögen gänzlich übersteigt? Man muß niemals die Meynung auf-
kommen laßen, daß etwas in der moralischen Theorie ganz
gut und richtig, in der Praxis aber ganz unausführbar
und unmöglich sey; denn diese Meynung macht den
Menschen in der moralischen Bearbeitung seiner selbst
träge und nachläßig, und erzeugt eine für die Moralität höchst gefährliche Beruhigung in Ansehung der moralischen Mängel, die er an sich gewahrnimmt. Durch
die Aufstellung iener Ideale in der Moral wird aber
diese Meynung wirklich erzeugt und unterhalten. Auch
können Ideale keinen Nutzen haben, oder zu Vorschriften dienlich seyn, wenn sie so beschaffen sind, daß man
sich ihnen zu nähern, oder sie auch nur zum Theil zu realisiren gar nicht im Stande ist. Daß nun das Ideal
von einem ethisch-bürgerlichen Staate von dieser Beschaffenheit sey, lehrt die ganze Darstellung deßelben,
wie sie in der philosophischen Religionslehre vorkommt.
Es gehörte wirklich die Geschicklichkeit eines Kant
darzu, um dieses Ideal in das Gebiet der moralischgesetzgebenden Vernunft zu verpflanzen. Und doch hat
dieser Meister in der Verbindung philosophischer Begriffe und Grundsätze um die Pflichtmäßigkeit der Realisirung eines ethisch-bürgerlichen Staats zeigen zu kön-

H 3   nen,

nen, zu schwankenden Ausdrücken und zu Bildern, die nur eine dunkele und verwirrte Vorstellung geben können, seine Zuflucht nehmen müßen. Er personificirt zum Beyspiel zu ienem Behuf das böse Princip, und stellt es als eine außer uns befindliche starke Kraft dar, der nur durch die Vereinigung der Kräfte mehrerer Menschen soll Widerstand geschehen können, welches letztere eigentlich verstanden doch ganz falsch ist, indem ieder Mensch blos durch eigene Macht das Böse zu bekämpfen hat, und in diesem Kampfe dadurch, daß andere Menschen sich zu einer ethischen Gesellschaft vereinigt haben, und er dieser Vereinigung beyzutreten gesonnen ist, oder schon wirklich beygetreten ist, nicht im geringsten unterstützt wird, sondern denselben mit eben dem Aufwande von Kräften zu vollbringen hat, als wenn gar keine Menschen außer ihm da wären.

6. Auf welche Art übrigens das Ideal von einem ethisch-bürgerlichen Staate in die philosophische Religionslehre hineingekommen sey, läßt sich auch wieder aus der besondern Absicht dieses Werkes, die Lehren unsers Kirchensystems auf Grundsätze der Vernunftreligion zurückzuführen, leicht einsehen. Zu den Artikeln unsers Kirchensystems gehört nämlich auch der Artikel von einer allgemeinen Kirche, als einer Gemeinschaft aller Heiligen unter der Regierung des Geistes Gottes. Ein Analogon von diesem Kirchenartikel giebt die Idee von einem ethischen Staat Gottes ab, und so kam wohl den Absichten der philosophischen Religionslehre gemäß die Idee von einem ethischen Staat Gottes unter die Aufgaben der reinen moralischgesetzgebenden

den Vernunft. Ein anderer Philosoph würde aus der
Pflicht, die Erkentniß der Wahrheit und der moralischen Religion zu verbreiten, die moralische Nothwendigkeit erwiesen haben, Anstalten zu errichten und zu
unterstützen, wodurch Erwachsene und Unerwachsene
über ihre Pflichten belehrt, aufgeklärt und zur Ausübung derselben ermuntert werden, und die Beschaffenheit dieser Anstalten aus den moralischen Zwecken derselben bestimmt haben. Bey einer solchen Behandlungsart dieser Sache würde sich aber wenig über die
Nothwendigkeit einer Kirche aus bloßer Vernunft haben sagen laßen; ia die ganze Behandlungsart hätte
kein Ansehen der Neuheit und Originalität gehabt, das
sie allerdings durch den vielversprechenten Namen eines auf Erden zu errichtenden ethischen Staats Gottes
erhalten hat.

In dem dritten Stücke der philosophischen Religionslehre ist auch des Verfaßers ausführliche Erklärung über den vorzüglichern Werth der moralischen
Auslegung einer für göttlich gehaltenen Schrift und des
öffentlichen Kirchenglaubens, und über das Verhälniß
dieser Auslegung zur grammatisch-historischen und gelehrten Interpretation der heiligen Schrift und des Kirchenglaubens enthalten. Da nun dieser Erklärung
von manchen schon unbedingt beygestimmt worden ist;
andere hingegen die vom Verfaßer so sehr angepriesene
moralische Interpretation für etwas, so dem Christen-
thume äußerst nachtheilig seyn müße, ausgegeben ha-

H 4   ben;

ben; so halte ich es um so mehr für meine Pflicht, die
Grundsäße dieser moralischen Interpretation einer Prüfung zu unterwerfen. Ich will aber wieder erst angeben, was in der philosophischen Religionslehre davon
gesagt worden ist.

I. „Die Idee von einem ethischen gemeinen Wesen oder von einem Volke Gottes unter ethischen Gese-
ßen ist die Idee von einer Kirche, welche insofern sie
kein Gegenstand möglicher Erfahrung ist, die unsicht-
bare Kirche heißt; die sichtbare Kirche aber ist
die wirkliche Vereinigung der Menschen zu einem Ganzen, das mit iener Idee zusammenstimmt, und die
wahre sichtbare Kirche ist dieienige, welche das moralische Reich Gottes auf Erden, so viel es durch Menschen geschehen kann darstellt." Philos. Religionslehre
S. 140 — 142.

II. „Der reine Religionsglaube ist zwar der, welcher allein eine allgemeine und wahre Kirche gründen
kann, weil er ein bloßer Vernunftglaube ist, der sich
Iedermann zur Ueberzeugung mittheilen läßt; indeßen
daß ein bloß auf Facta gegründeter historischer Glaube
seinen Einfluß nicht weiter ausbreiten kann, als so weit
die Nachrichten in Beziehung auf das Vermögen ihre
Glaubwürdigkeit zu beurtheilen, nach Zeit- und Orts-
umständen hinlangen können. Allein es ist eine besondere Schwäche der menschlichen Natur daran Schuld,
daß auf ienen reinen Glauben niemals soviel gerechnet
werden kann, als er wohl verdient, nämlich eine Kirche auf ihn allein zu gründen. Diese Begründung einer

ner Kirche, als einer Vereinigung vieler Menschen unter der Gesinnung alle Pflichten zu beobachten, bedarf
daher einer öffentlichen Verpflichtung, einer gewißen
auf Erfahrungsbedingungen beruhenden kirchlichen
Form, die an sich zufällig und mannichfaltig ist, mithin
ohne göttliche statutarische Gesetze nicht als Pflicht erkannt werden kann. Den Glauben an solche statutarische Gesetze, die uns nur durch Offenbarung kund
werden können, kann man im Gegensatz mit dem reinen Religionsglauben, den Kirchenglauben nennen.
Dieser muß aber allezeit ein Mittel der Befriedigung
und Ausbreitung von jenem seyn." Philos. Religionsl.
S. 145—149.

III. „Wenn es nun also nicht zu ändern steht, daß
nicht ein statutarischer Kirchenglaube dem reinen Religionsglauben, als Vehikel und Mittel der öffentlichen
Vereinigung der Menschen zur Beförderung des letztern
beygegeben werde; so muß man auch eingestehen, daß die
unveränderliche Aufbehaltung deßelben, die allgemeine
einförmige Ausbreitung, und selbst die Achtung für die in
ihm angenommene Offenbarung, schwerlich durch Tra-
dition, sondern nur durch Schrift, die selbst wiederum als Offenbarung für Zeitgenoßen und Nachkom-
menschaft ein Gegenstand der Hochachtung seyn muß,
hinreichend besorgt werden kann; denn das fördert das
Bedürfniß der Menschen, um ihrer gottesdienstlichen
Pflicht gewiß zu seyn. Ein heiliges Buch erwirbt sich
selbst bey denen (und gerade bey diesen am meisten) die
es nicht lesen, wenigstens sich daraus keinen zusammen-
hängenden Religionsbegriff machen können, die größte

H 5 Ach-

Achtung, und alles Vernünfteln verschlägt nichts wider den alle Einwürfe niederschlagenden Machtspruch: Da stehts geschrieben." Philof. Religionsl. S. 152.

IV. „Um nun aber mit einem solchen Kirchen-glauben, den uns dem Ansehen nach ein Ungefähr in die Hände gespielt hat, die Grundlage eines moralischen Glaubens zu vereinigen, (er sey nun Zweck nur oder Hülfsmittel), dazu wird eine Auslegung der uns zu Händen gekommenen Offenbarung erfordert, d, i, durch-gängige Deutung derselben zu einem Sinn, der mit .den allgemeinen praktischen Regeln einer reinen Ver-nunftreligion zusammenstimmt. Denn das Theoreti-sche des Kirchenglaubens kann uns moralisch nicht in-teresßiren, wenn es nicht zur Erfüllung aller Menschen-pflichten als göttlicher Gebote, (was das wesentliche aller Religion ausmacht) hinwirkt. Diese Auslegung mag uns selbst, in Ansehung des Textes (der Offenba-rung) oft gezwungen scheinen, oft es auch wirklich seyn, und doch muß sie, wenn es nur möglich ist, daß dieser sie annimmt, einer solchen buchstäblichen vor-gezogen werden, die entweder schlechterdings nichts für die Moralität in sich enthält, oder dieser ihren Trieb-federn wohl gar entgegenwirkt. Man wird auch fin-den, daß es mit allen Alten und Neuern zum Theil in heiligen Büchern abgefaßten Glaubensarten iederzeit so ist gehalten worden, und daß vernünftige wohldenkende Volkslehrer sie so lange gedeutet haben, bis sie diesel-ben ihrem wesentlichen Inhalte nach, nach gerade mit den allgemeinen moralischen Glaubenssätzen in Uebereinstim-mung brachten. Auch kann man dergleichen Ausle-

gungen

gungen nicht der Unredlichkeit beschuldigen, vorausgesetzt, daß man nicht behaupten will, der Sinn, den wir
den Symbolen des Kirchenglaubens oder auch heiligen
Büchern geben, sey von ihnen auch durchaus so beabsichtiget worden, sondern dieses dahin gestellet seyn läßt,
und nur die Möglichkeit, die Verfaßer derselben so
zu verstehen annimmt. Die Vernunftreligion enthält
also das oberste Princip aller Schriftauslegung. Philos.
Religionsl. S. 157—161.

V. „Dem moralischen Schriftausleger ist nun
noch ein anderer beygesellet, aber untergeordnet, nämlich der Schriftgelehrte. Schriftgelehrsamkeit ist nämlich darzu erforderlich um eine auf heilige Schrift gegründete Kirche, nicht eine Religion (denn die muß um
allgemein zu seyn, iederzeit auf bloße Vernunft gegründet werden) im Ansehen zu erhalten, wenn sie gleich
nichts mehr ausmacht, als daß der Ursprung der heiligen Schrift nichts in sich enthält, was die Annahme
derselben als unmittelbarer göttlichen Offenbarung unmöglich machte. Aber nicht blos die Beurkundung,
sondern auch die Auslegung der heiligen Schrift bedarf
Gelehrsamkeit. Denn wie will der Ungelehrte, der sie
nur in Uebersetzungen lesen kann, von dem Sinne derselben gewiß seyn? daher der Ausleger, welcher auch
die Grundsprache inne hat, doch noch ausgebreitete historische Kentniß und Kritik benutzen muß, um aus
dem Zustande, den Sitten und den Meynungen (dem
Volksglauben) der damaligen Zeit die Mittel zu nehmen, wodurch dem kirchlichen gemeinen Wesen das
Verständniß geöfnet werden kann.“ Philos. Religionsl.
S. 162 u. 163.

VI.

VI. „Reine Vernunftreligion und Schriftgelehr=
samkeit sind also die eigentlichen berufenen Ausleger der
Schrift und des Kirchenglaubens, von welchen der er=
stere allein authentisch und für alle Welt giltig, der
zweyte aber nur doctrinal ist, um den Kirchenglauben
für ein gewißes Volk zu einer gewißen Zeit in ein be=
stimmtes sich beständig erhaltendes System zu verwan=
deln.“ Philos. Religionslehre S. 166. (*) — —

Meiner Einsicht nach enthält diese Erklärung über
den Gebrauch einer für göttlich gehaltenen Schrift und
über das Verhältniß der moralischen Benutzung dersel=
ben zur gelehrten Auslegung ihres Sinnes manches
Wahre, aber auch manches Falsche, Unbestimmte,
Schwankende, und eben deßwegen auch ganz Unan=
wendbare. Ich will mir daher die Mühe geben, bey=
des gehörig von einander zu trennen.

1. Bekanntlich hat die Auslegung der Schriften
des Alten und Neuen Testaments (auf welche Schriften
die

(*) Es kommen außer in den angeführten Stellen noch hin
und wieder in der philosophischen Religionslehre Erklä=
rungen über die moralische Auslegung vor, die bey der
Beurtheilung dieser Auslegung in Betrachtung zu ziehen
sind. Ich will sie daher noch kurz anführen. S. 116.
wird gesagt: die moralische Interpretation müße für
Pflicht gehalten werden. Nach S. 182 und 204 ist die
moralische Interpretation nur so lange nützlich und nö=
thig, bis die reine moralische Religion allgemein einge=
führt worden ist, und jene bereitet diese Einführung vor.
Nach S. 250. dient die moralische Interpretation auch
dazu, die Ungelehrten und Layen von der Unterwürfigkeit
unter die Schriftgelehrten und Cleriker zu befreyen.

die Grundsäße der moralischen Interpretation in der philosophischen Religionslehre allein angewendet werden) mancherley Schicksale gehabt, und ohngeachtet alle christliche Sekten darinn mit einander übereinstimmen, daß zum wenigsten die Schriften des Neuen Testaments die vorzüglichste Quelle der wahren christlichen Glaubenslehre seyen; so ist man doch niemals in der christlichen Kirche darüber einig gewesen, wie diese Schriften zu benußen seyen, und auf welche Art man den Inhalt derselben zu erforschen habe. Besonders waren von jeher viele Lehrer des Christenthums der von den Juden herrührenden Meynung zugethan, man müße jeder Stelle der heiligen Schrift so vielerley Bedeutungen beylegen, als sich nur immer dabey als möglich denken laßen, und diese vielerley Bedeutungen lägen selbst nach der Absicht der Verfaßer und des göttlichen Urhebers der heiligen Bücher in den Worten derselben drinne. Auf diese Meynung gründet sich die allegorische Auslegung der heiligen Schrift, vermöge welcher man alles in dieselbe hineintragen konnte, was man in derselben finden wollte. — Man würde aber wohl dem Verfaßer der philosophischen Religionslehre Unrecht thun, wenn man die von ihm empfohlne moralische Auslegung der heiligen Schrift für eine Art von jener allegorischen, ießt bey allen aufgeklärten Schriftgelehrten im übeln Ruf stehenden Auslegung ausgeben wollte; denn jene Auslegung der heiligen Schrift beruhet auf ganz anderen Principien, als auf welche diese sich stüßt. (*)

2. Hätte

(*) Inzwischen sollte man doch aus der Note zu S. 116. beynahe schließen, der Verfaßer halte es für erlaubt, mehr als

2. Hätte der Verfaßer der philosophischen Religionslehre durch die Anempfehlung der sogenannten moralischen Auslegung der heiligen Schrift nichts weiter,
als folgendes sagen und behaupten wollen; — Die
Schriften des Alten und Neuen Testaments sind nun
einmal in dem aufgeklärtesten Welttheile das Funda-
ment des öffentlichen Kirchen- und Volks-Glaubens:
Man würde aber, so wie die Sachen in Ansehung der
Aufklärung des großen Haufens iezt noch stehen, lauter
Verwirrung anrichten, und sogar zu den gröbsten Aus-
schweifungen und zum gefährlichsten Unglauben bey dem
großen Haufen Anlaß geben, wenn man das Ansehen
iener Schriften angreifen, und ihren göttlichen Ursprung
oder die Giltigkeit ihres Innhalts für alle Menschen
im geringsten streitig machen wollte. Man muß sie
also bey ihrer Autorität so lange erhalten, als diese Autorität für den großen Haufen noch unentbehrlich ist, und
in moralischer Rücksicht Vortheile bringt. (*) Allein
in ienen Schriften, besonders in den Schriften des Alten Testaments kommt auch sehr vieles vor, deßen Erkentniß und Fürwahrhalten uns moralisch ganz und gar
nichts

'als einen Sinn bey den Worten der heiligen Schrift zu
statuiren. Doch dieß streitet zu sehr mit den andermeiti-
gen Erklärungen über die moralische Interpretation, und
man darf also wohl keine Rücksicht darauf nehmen.

(*) Es verräth wenig Kentniß des großen Haufens selbst in
protestantischen Ländern, wenn der Verfaßer S. 280.
versichert, der reine Religionsglaube sey nicht allein iedem
Menschen begreiflich, sondern auch im höchsten Grade
ehrwürdig, und laße sich ihm, ohne ihm vorher etwas
davon

nichts nußt, und auf unfere Beßerung nicht den min=
deften Einfluß haben kann; ia fogar, zur Regel des Be=
tragens erhoben, diefer Beßerung Abbruch thun wür=
de: Damit nun aber auch folche Stellen der heiligen
Schrift, welche dem buchftäblichen Sinne nach gar nichts
enthalten, was auf Moralität Beziehung hat, den
Hauptzweck der wahren moralifchen Religion und auch
des wahren Chriftenthums beförbern helfen, fo muß
man in diefelben, wenn darüber öffentliche Vorträge an
das Volk gehalten werden follen, nachdem man fie vor=
her buchftäblich richtig ausgelegt hat, irgend einen
moralifchen Sinn hinein legen, und einen Gedanken
damit verknüpfen, durch den entweder die Erkentniß
der menfchlichen Pflichten befördert, oder der Vorfaß,
ein beßerer Menfch zu werden, belebt wird: — Hätte
der Verfaßer durch die Anempfehlung der moralifchen
Auslegung der heiligen Schrift nur diefes fagen wollen;
fo mögte gewiß wenig dagegen einzuwenden feyn. Auch
haben feit den älteften Zeiten des Chriftenthums alle
aufgeklärte Lehrer beßelben, denen es darum zu thun,
aus ihren Zuhörern und Lefern moralifch beßere Men=
fchen

davon gelehrt zu haben, ganz und gar abfragen. Es
könnte freylich fo feyn, und wird auch hoffentlich durch
Verbeßerung des Unterrichts in den Volksfchulen bey
uns fo weit kommen. Allein bis ießt ift die Einficht des
gemeinen Mannes felbft bey den Proteftanten noch nicht
fo weit gediehen, und die blinde Unterwürfigkeit unter ir=
gend eine Autorität, die ihm der politifche und geiftliche
Despotismus beybrachte, ließ es bisher mit ihm nicht fo
weit kommen.

ſchen zu machen, diejenigen Stellen des Alten und Neuen
Teſtaments auf dieſe Art angewendet und benutzt, welche dem Buchſtaben nach eben nichts ſich auf Moralität beziehendes enthalten. (*) Unſere beſten Prediger ietziger Zeit befolgen dieſe Methode, die heilige
Schrift zum Vehikel einer moraliſchen Belehrung zu
benutzen, noch immer, ſobald die zum öffentlichen Vortrage vorgeſchriebenen Stellen aus derſelben nicht von
ſelbſt ſchon moraliſchen Innhalts ſind (wie bekanntlich
ſehr oft der Fall iſt), und es wird dieß auch wohl in
der Folge noch ferner geſchehen. Nur hat man dieſe
Methode, die heilige Schrift zu benutzen und erbaulich
zu machen, nicht eine moraliſche Auslegung der heiligen Schrift genannt, und zwar aus ſehr wichtigen
Gründen. (**)

3. Man

(*) Viele Kirchenväter gehören hierher und auch die Reformatoren der chriſtlichen Kirche, z. B. Luther, der ſogar
in der Auslegung der zehen Gebote dieſe Manier befolgt hat.

(**) Die Wahl des Namens bey einer Sache iſt doch wirklich nicht ſo ganz unbedeutend, daß man willkührlich damit
verfahren könnte; denn ſie hat auf die Vorſtellung, die
ſich andere von der Sache machen, einen Einfluß. Eben
daher brauche ich es wohl nicht erſt zu beweiſen, daß der
Name moraliſche Auslegung für die Sache, die in
der philoſophiſchen Religionslehre darunter verſtanden
wird, ganz und gar unpaßend ſey, indem dieſe Sache gerade das contradictoriſche Gegentheil von dem ausmacht,
was nach dem Sprachgebrauche zu den Merkmalen des
Begriffs der Auslegung gehört. So wenig es ſich nun
geziemt, mit dem Worte Laſter dasjenige zu bezeichnen,

was

3. Man würde sich aber, ungemein irren, wenn man die in der philosophischen Religionslehre anempfohlne moralische Schriftauslegung für einerley mit jener von unsern Religionslehrern schon so oft gebrauchten Methode halten wollte, auch diejenigen Stellen der heiligen Schrift moralisch zu benützen, welche unmittelbar nichts enthalten, was auf Moralität Beziehung hat. Diese moralische Benützung der heiligen Schrift setzt nämlich die gelehrte Auslegung eben derselben voraus, und ist von dieser gelehrten Auslegung abhängig, oder wird durch dieselbe mit bestimmt. Von der moralischen Auslegung wird aber in der philosophischen Religionslehre gesagt, sie sey das höchste und oberste Princip aller Schriftauslegung, ihr sey die buchstäbliche und gelehrte Auslegung unterzuordnen, sie sey eine auvthen-

was man bisher unter dem Worte Tugend verstanden hat, und dadurch den Sprachgebrauch zu verwirren; eben so wenig ist es auch erlaubt, mit dem Worte Auslegung ein Etwas zu bezeichnen, das das contradictorische Gegentheil einer Auslegung ist. Man berufe sich hierbey ja nicht auf den Ausdruck allegorische oder mystische Auslegung; denn diejenigen, die diesen Auslegungen ergeben waren, meynten wirklich sie fänden dadurch den wahren Sinn der biblischen Stellen, der von den Verfaßern derselben selbst beabsichtiget worden wäre. — Aber der Name moralische Auslegung trägt allerdings darzu bey, der darunter verstandenen Sache beßern Eingang zu verschaffen, und mancher, der von der Auslegung der Bibel eigentlich gar nichts versteht, meynt doch durch die moralische Auslegung zum Besitz der Geschicklichkeit, die heilige Schrift auszulegen, gekommen zu seyn. Dieß

J   mag

authentiſche von dem Urheber der heiligen Schrift herrührende, und für alle Welt giltige, die gelehrte Auslegung der heiligen Schrift hingegen ſey nur eine doctrinale Auslegung eben derſelben Schrift (*) Nun könnte man vielleicht ſagen, es ſey die Unterordnung der gelehrten Auslegung der Schrift unter die moraliſche nur in praktiſcher Rückſicht zu verſtehen, und es zeige die Vorſchrift, die gelehrte Auslegung der Schrift der moraliſchen unterzuordnen, nichts weiter an, als dieſes: Man muß ſich auch alle hiſtoriſche Stellen der heiligen Schrift auf irgend eine Art moraliſch zu Nuße machen, und es iſt überhaupt genommen beßer, die Stellen der heiligen Schrift auf Erbauung anzuwenden, als durch dieſelben die Zahl unſerer für die moraliſche Beße-

mag allerdings wohl auf die Wahl jenes Namens Einfluß gehabt haben.

(*) Eine authentiſche Erklärung eines Geſetzes oder einer Schrift iſt eine ſolche, die der Urheber des Geſetzes und der Schrift ſelbſt macht. Eine doctrinale Erklärung eines Geſetzes und einer Schrift iſt aber eine ſolche, die aus den Ausdrücken in Verbindung mit den ſonſt bekannten Abſichten des Geſetzgebers und des Schriftſtellers hergenommen wird. Jene muß allezeit dieſer vorgezogen werden, und wenn beyde nicht zuſammenſtimmen, ſo iſt die doctrinale Erklärung der authentiſchen nachzuſetzen und aufzuopfern. So erklärt ſich auch Kant ſelbſt über das Verhältniß beyder Auslegungsarten zu einander in dem Aufſatze über das Mislingen aller philoſophiſchen Verſuche einer Theodicee, welcher in der Berliniſchen Monatsſchrift vom Jahr 1791 im September-Stück enthalten iſt.

Besserung ganz unfruchtbaren Kentniße zu vermehren,
und auf den Besitz dieser Kentniße irgend einen Werth
zu legen. — Allein um unter der Unterordnung der
gelehrten Interpretation der heiligen Schrift unter die
moralische nichts weiter, als das eben Angezeigte zu
verstehen; darzu ist selbst wieder eine Auslegung der
Worte der philosophischen Religionslehre, in welchen
das Verhältniß iener Interpretation der Schrift zu dieser bestimmt wird, erforderlich, welche von den wesentlichen Regeln der Auslegung abweicht, und die bis
ietzt noch keinen besondern Beynamen erhalten hat.
Eine Regel der andern unterordnen, heißt nämlich nach
dem allgemeinen giltigen Sprachgebrauche nichts anderes, als die eine Regel durch die andere bestimmen:
So sind zum Beyspiel alle besondere Gesetze der Natur den allgemeinen Gesetzen eben derselben untergeordnet, oder iene werden durch diese bestimmt. Wenn
also in der philosophischen Religionslehre gesagt wird:
Die moralische Auslegung ist das oberste Princip aller
Schriftauslegung, iene ist eine authentische Auslegung
der Schrift, und ihr muß die gelehrte und buchstäbliche
Auslegung eben derselben Schrift untergeordnet werden; so kann dieß vernünftiger Weise in keinem andern
Sinne genommen werden, als in folgendem: Die
moralische Auslegung der heiligen Schrift schreibt der
gelehrten Auslegung eben derselben Schrift Gesetze vor,
nach welchen diese den Sinn der Stellen in der heiligen Schrift aufsuchen und bestimmen muß. — Nimmt
man nun aber an, die sogenannte moralische Auslegung
der heiligen Schrift sey der oberste Canon für die gelehrte Schriftauslegung, so geht eigentlich diese gelehrte

J 2   und

und buchſtäbliche Schriftauslegung, die doch neben der ſogenannten moraliſchen nach den Erklärungen in der philoſophiſchen Religionslehre beybehalten werden ſoll, ganz und gar verloren. Die gelehrte Auslegung der Schrift muß nämlich alle ihre Erklärungen der Schriftſtellen einzig und allein theils aus dem Sprachgebrauche, theils aus dem Zuſtande, den Sitten und den Meynungen des Zeitalters, worinn ein Theil der heiligen Schrift verfertigt worden iſt, theils aus der Denkungsart und den Abſichten der Verfaßer der Bücher der heiligen Schrift hernehmen und ableiten. Mit dieſer Regel der gelehrten Schriftauslegung iſt alſo die moraliſche Auslegung als oberſter Canon derſelben gelehrten Auslegung ſchlechterdings unvereinbar, und die moraliſche Auslegung enthält Principien der Interpretation, welche die gelehrte Auslegung gar nicht für giltig anerkennen kann. (*)

4. Durch

(*) So ſonderbar und befremdend es auch manchem vorkommen mag, daß der Verfaßer der philoſophiſchen Religionslehre die Unvereinbarkeit der moraliſchen Interpretation, als oberſten Canons aller Schriftauslegung, mit der gelehrten Schriftauslegung nicht ſelbſt ſollte eingeſehen haben; ſo muß man doch beynahe dieß annehmen und es läßt ſich auch ſehr begreiflich machen. Die ganze Theorie von der moraliſchen Schriftauslegung, wie ſolche in der philoſophiſchen Religionslehre aufgeſtellt worden iſt, trägt offenbar die Merkmale eines Werks der Uebereilung an ſich, auf deßen Vollendung nicht der gehörige Fleiß verwendet worden iſt. Von dieſen Merkmalen will ich ietzt nur eines anführen, mehrere ſollen in der Folge noch angeführt werden. S. 158 wird im Texte geſagt, die

4. Durch die Unterordnung der gelehrten Auslegung einer für göttlich gehaltenen Urkunde und Schrift
unter die sogenannte moralische Auslegung wird auch
das dem gelehrten Ausleger dieser Urkunde und Schrift,
obliegende Geschäfft, von diesen nämlich darzuthun, daß
sie göttlichen Ursprungs seyn können, um ihr Ansehen
dadurch zu erhalten, ganz und gar unmöglich gemacht
oder in elende Spielerey verwandelt. Von einer
Schrift nämlich, von der soll angenommen werden können, daß sie göttlichen Ursprungs seyn könne, muß erwiesen werden, daß sie keine Vorschrift in sich enthalte,
welche mit dem Sittengesetze streitet, und den Geboten
desselben Abbruch thut. Ordnet man nun die gelehrte
Auslegung einer für göttlich gehaltenen Urkunde der
moralischen Auslegung unter, und trägt man in alle

J 3 Säße

die uns zu Händen gekommene Offenbarung müße durchgängig moralisch interpretirt werden. In der Anmerkung auf dieser Seite aber (die allein in der zweyten Auflage befindlich ist) wird dieß wieder zurückgenommen, und
eingestanden, daß sich manche Stelle des Alten Testaments nicht moralisch interpretiren laße, und dabey das
im LIX Psalm enthaltene Gebet Davids um Rache gegen den Saul zum Beyspiel angeführt. Nun ließe sich
allerdings dieses Gebet, wie auch der Verfaßer selbst ein-
räumt, wohl noch moralisch interpretiren. Es kommen
aber im Alten Testamente andere Stellen vor, die sich
wahrlich nicht moralisch interpretiren laßen, wenn man
auch die überspantesten Vorstellungen von der Inspiration
des alten Testaments hat, und deren Inhalt ieden Menschen empören muß, der nur einiges Gefühl für Moralität hat. Man lese z. B. nur die empörende Grausamkeit,

Sätze und Erzählungen iener Urkunde einen moralischen
Sinn hinein, wenn er gleich, im Fall diese Sätze und
Erzählungen buchstäblich genommen und richtig erklärt
werden, darinn gar nicht enthalten ist; so erhalten die
absurdesten Fabeln und Lügen in derselben eine Beschaf-
senheit, nach welcher sie für unmittelbare göttliche Of-
fenbarungen gehalten werden können. Dieß dient aber
unleugbar darzu, das Ansehen solcher Fabeln und Lügen
fernerhin zu erhalten und die Ausrottung des Aberglaubens zu erschweren. Daß ich hierbey aus den Behauptungen der philosophischen Religionslehre nicht etwa
Folgerungen ableite, die keinesweges daraus abgeleitet
werden dürfen, ergiebt sich schon aus demienigen, was
S. 159. von der Art und Weise gesagt wird, wie die
heidnischen Moral-Philosophen ihre fabelhafte Götterlehre benutzten, und sogar den ausschweifendsten Träu-
mereyen

samkeit, die David an den Nachkommen Sauls nach
dem 21sten Kapitel des II. B. Samuelis ausübte, und
wozu er weiter keine Veranlaßung hatte, als die ganz un-
gegründete Furcht, daß einer der Söhne Sauls ihm
und seinen Nachkommen den durch Ungerechtigkeiten mancherley Art erhaltenen Thron wieder streitig machen könnte. Es setzt demnach wenig Bekanntschaft mit den Schriften und dem Inhalte des Alten Testaments voraus, wenn
man vorschreibt, es müßen auch diese Schriften durchgängig zu einem moralischen Sinne gedeutet werden, und
man muß wirklich über die moralische Interpretation
noch nicht vollständig nachgedacht haben, wenn man sie
das einemal auf alle Stellen der heiligen Schrift ausge-
dehnt haben, das anderemal aber nur auf gewiße Stellen
eingeschränkt wißen will.

mern ihrer Dichter, einen moralischen Sinn unter=
legten, wobey noch die Bemerkung gemacht wird, daß
sich so etwas ganz gut thun laße, ohne dadurch eben
wider den buchstäblichen Sinn des Volksglaubens sehr
zu verstoßen, weil lange vor der Entstehung dieses
Volksglaubens die Anlage zur moralischen Religion im
Menschen liege, und dadurch etwas vom Charakter die=
ser Religion in den Volksglauben und in die darzu ge=
hörigen Dichtungen hineingekommen sey, ohne daß es
die Urheber derselben selbst wußten. (*)   Hat man
nämlich iener Götterlehre erst einen moralischen Sinn
untergelegt, und muß die buchstäbliche und gelehrte In=
terprectation dieser Götterlehre der moralischen unterge=
ordnet werden; so ist ia diese Götterlehre für etwas an=
                        J 4   zusehen,

(*) Ich mögte wohl wißen, womit der Verfaßer diesen
    Einfluß der moralischen Religion auf die Fabeln und Dich=
    tungen des griechischen und römischen Volksglaubens be=
    weisen wollte. Ihm sind doch die gründlichen Erklärun=
    gen die de Broße, Pistorius und Heyne von der Ent=
    stehung der Mythologie der Griechen, Römer und ande=
    rer Völker gegeben haben, gewiß nicht unbekannt geblie=
    ben. Er hätte also auch die Fehler, die in diesen Erklä=
    rungen begangen worden seyn sollen, angeben sollen. —
    Uebrigens ist es auffallend, daß in der philosophischen Re=
    ligionslehre, in welcher der menschlichen Natur ein einge=
    wurzelter und unbesiegbarer Hang zum Bösen allgemein
    Schuld gegeben wird, die Anlage zum Guten im Men=
    schen wieder auch als ingemein wirksam vorgestellt und
    von dieser Anlage vorgegeben wird, sie habe sogar auf
    Dichtungen und Fabeln Einfluß gehabt, bey welchen es
    unerklärbar ist, daß sie aus einem gänzlichen Nichtge=
    brauch der Vernunft entstanden sind.

zuſehen, dem göttlichen Urſprung beygelegt werden
kann, und wir müßen dieß trotz der Einwendungen,
zugeben, die etwa aus der gelehrten Auslegung dieſer
Götterlehre hergenommen und dagegen gemacht werden
könnten. Soll alſo der gelehrte Schriftausleger beweiſen können, daß eine für heilig gehaltene Schrift
von Gott herrühren könne, und ſoll der Beweis, den er
deßhalb führt, nicht eine höchſt elende Spielerey ausmachen, die nur ganz dumme Menſchen täuſchen kann, von
iedem vernünftigen und wahrheitsliebenden Menſchen
aber mit Recht verabſcheuet wird; ſo muß er aus dem
Innhalte und aus dem Urſprunge derſelben (von dem
Urſprunge der meiſten für göttlich gehaltenen Schriften
wißen wir mehrentheils wenig oder gar nichts, wir müſ-
ſen uns daher bey der Prüfung der Möglichkeit ihres
göttlichen Urſprunges vorzüglich an ihren Inhalt halten), nachdem er ſie nach den Regeln einer gelehrten
Auslegung und nach den Regeln der Kritik beleuchtet
hat, darthun, daß ſie nichts enthalten, was die Annahme
derſelben als unmittelbarer göttlichen Offenbarung unmöglich macht, und ſich hierbey auch nicht im mindeſten
durch die moraliſche Auslegung beſtimmen laſſen.

5. Auch verdient hierbey angemerkt zu werden, daß
die moraliſche Auslegung, die in der philoſophiſchen Religionslehre ſo ſehr angeprieſen wird, vermöge des gänzlichen Mangels der Regeln, nach denen ſie angewendet
werden darf, nothwendig auf ſehr abentheuerliche Auslegungen der heiligen Schrift führen müße. Allerdings
werden wohl einige Regeln über den Gebrauch dieſer
Auslegungen mitgetheilt; allein wie viel dieſe Regeln
nutzen, ſieht ieder leicht ſelbſt ein, und erhellet auch aus

den

ben Mustern einer moralischen Auslegung, die in der
philosophischen Religionslehre mitgetheilt worden sind,
S. 47. wird nämlich in Beziehung auf die moralische
Interpretation gesagt: „Der moralische Sinn, den man
einer Schriftstelle beylegt, muß für sich und ohne allen
historischen Beweis wahr; dabey aber zugleich der ein=
zige seyn, nach welchem wir für uns etwas zur Beße=
rung aus einer Schriftstelle ziehen können;" und S. 158.
heißt es: „Die moralische Auslegung einer Schriftstelle
ist giltig, wenn es nur möglich ist, daß die Schriftstelle
sie annimmt, sollte es auch gezwungen herauskommen."
Woraus man aber beurtheilen könne, daß ein gewisser
moralischer Sinn der einzige sey, der in eine Schrift=
stelle passe, oder daß es möglich sey, die Schriftstelle
nehme einen gewißen moralischen Sinn an; dieß ist in
der philosophischen Religionslehre nirgends weiter be=
stimmt worden. Bey einer solchen beynahe völligen
Gesetzlosigkeit der moralischen Interpretation kann man
ieder Stelle der heiligen Schrift, die nicht an sich schon
moralischen Inhalts ist, eine moralische Bedeutung ge=
ben, welche man nur will, und die Verfaßer derselben sa=
gen laßen, was einem einfällt, wenn es nur moralisch
ist. Und nach dieser moralischen Interpretation wird ei=
ne und dieselbe Schriftstelle bald dieß, bald etwas anders
bedeuten können, denn dem einen Menschen ist dieß, dem
andern aber etwas anders zu seiner Beßerung und Er=
bauung tauglich. Und von dieser gänzlichen Gesetzlosig=
keit der moralischen Auslegung enthält selbst die philoso=
phische Religionslehre warnende Beyspiele. Fast alle
Stellen der heiligen Schrift, die nicht an sich schon mo=
ralischen Inhalts sind, und in diesem Werke moralisch

inter=

interpretirt werden, sind so interpretirt worden; daß der gelehrte Kenner der heiligen Schrift zu diesen Interpretationen, ie nachdem er bey Laune ist, entweder lachen, oder den Kopf schütteln wird; der ungelehrte Leser der heiligen Schrift aber sie auch niemals mit der Schrift, wird zusammenreimen können; denn der Verfaßer der philosophischen Religionslehre läßt in seinen moralischen Interpretationen die Schriftsteller des Alten und Neuen Testaments mehrentheils Dinge sagen, woran diese allen Regeln der Wahrscheinlichkeit nach niemals gedacht haben, und auch nicht denken konnten, ia auf welche die Schriftstellen nicht die geringste Hinweisung enthalten. Ich will dieß aus einigen Beyspielen zeigen. S. 47 wird die Geschichte vom Sündenfalle der Stammeltern des menschlichen Geschlechts (I Buch Mose. Kap. 3.) moralisch interpretirt, und dabey gesagt, die Unbegreiflichkeit des Ursprungs des Bösen in der menschlichen Gattung zusammt der nähern Bestimmung der Bösartigkeit dieser Gattung drücke die Schrift in iener Geschichtserzählung dadurch aus, daß sie das Böse zwar im Weltanfange, doch noch nicht im Menschen, sondern in einem Geiste von ursprünglich erhabener Bestimmung vorausschickt, wodurch also der erste Anfang alles Bösen überhaupt als für uns unbegreiflich (denn woher bey ienem Geiste das Böse?); der Mensch aber nur als durch Verführung ins Böse gefallen, also nicht von Grund aus (selbst der ersten Anlage zum Guten nach) verderbt, sondern als noch einer Beßerung fähig; im Gegensatz mit einem verführenden Geiste; d. i. einem solchen Wesen, dem die Versuchung des Fleisches nicht zur Milderung seiner Schuld angerechnet werden kann, vorge-

vorgestellt; und so dem erstern, der bey einem verderb-
ten Herzen doch immer noch einen guten Willen hat,
Hoffnung einer Wiederkehr zu dem Guten, von dem er
abgewichen ist, übrig gelaßen wird. Ich frage nun
jeden, der irgend etwas von der gelehrten und buchstäblichen Auslegung der heiligen Schrift versteht, ob es
wohl möglich sey, daß der alte Verfaßer der Nachrichten von dem, was im Paradiese mit den Stammeltern
des menschlichen Geschlechts sich zugetragen haben soll,
dadurch habe den Charakter der Bösartigkeit der menschlichen Gattung, und die Unbegreiflichkeit des Ursprun-
ges des Bösen in der menschlichen Natur angeben
wollen, und ob es wohl möglich sey, daß iene Geschichtserzählung diesen moralischen Sinn annehme?
Wo steht in dieser Erzählung ein Wort davon, daß
ein böser Geist die Menschen zum Sündigen verführt
habe? Die Juden erhielten ia erst im babylonischen
Exil die Vorstellung von einem bösen Geiste, als dem
Urheber alles Bösen in der Welt. Der Verfaßer hätte
also doch bey der moralischen Auslegung iener Geschichte
zum wenigsten mit einigen Worten bemerken sollen, daß
die Verwandlung der Schlange in einen bösen Geist
aus der Philosophie der Juden herstamme, oder daß es
nur seine eigene subiektive Ueberzeugung sey, es müße
unter der Schlange (freylich aber allem Sprachgebrauche im Alten Testamente zuwider) ein böser Geist verstanden werden. Alsdann müßte man doch einigermaßen, wie man bey dieser moralischen Interpretation
dran wäre. Auch kommt ia in das Ganze iener Geschichte wahrer Unsinn hinein, wenn man diese moralische Interpretation, die der Verfaßer davon giebt, auf

alle

alle Theile derselben anwendet. Wer sich hiervon recht deutlich überzeugen will, der lese nur Eichhorns ganz vortreflichen und meisterhaften Commentar zu dieser Erzählung in der Urgeschichte. (*) Aus diesem Commentar wird man aber auch leichte ersehen, daß die Geschichte vom sogenannten Sündenfall der ersten Menschen einer moralischen Benutzung in einem ganz vorzüglichen Grade fähig sey, wenn man sie nur erst durch Anwendung der gelehrten und buchstäblichen Interpretation richtig verstanden hat. Diese Geschichte lehrt nämlich recht einleuchtend, wie unmoralisch und höchst verderblich in seinen Folgen der Hang des Menschen sey, sich in seinem Betragen nicht durch eigene Einsichten, sondern durch das Beyspiel anderer Menschen und sogar durch das Beyspiel der Thiere (wie bey der Eva der Fall war) bestimmen zu laßen. Dieses moralische Thema, das ich nicht weiter auszuführen brauche, paßt auf alle Theile der Geschichte, und wird durch dieselben recht treffend erläutert. — S. 107 — 115. kommt wieder eine weitläuftige moralische Interpretation vor, und zwar von dem Kriege, den nach der heiligen Schrift christlichen Antheils der Teufel mit der Gottheit über den Besitz der Menschen von jeher geführt haben soll, und in welchem der Teufel am Ende doch die Oberhand behält. Wenn Bayle (**) um die

(*) Im Repertorium für biblische und morgenländische Litteratur, Th. IV.

(**) Im historischkritischen Wörterbuche, Art. Xenophanes n. E.

die Lehrsätze der christlichen Dogmatik vom Teufel, wie
solche zu seiner Zeit bestimmt wurden, lächerlich zu machen, einen solchen Krieg zwischen der Gottheit und
dem Teufel über den Besitz der Seelen der Menschen
fingirt, so ist das wohl zu entschuldigen, denn der Unterschied zwischen Dogmatik und Bibel war zu seiner
Zeit noch gar nicht erörtert und erwiesen worden. Daß
aber in unsern ießigen Zeiten, nachdem für die richtige
Interpretation des Neuen Testaments so viel geschehen
ist, und der große Unterschied zwischen Bibel und Dogmatik kein Geheimniß mehr ausmacht, ein solcher Krieg
zwischen Gott und dem Teufel über die Seelen der Menschen, bey welchem Gott so sehr den Kürzern ziehet,
fingirt, und als Lehre des Neuen Testaments und zwar
von einem so einsichtsvollen, mit vielen Fächern der Gelehrsamkeit genau bekannten Manne, wie der Verfaßer
der philosophischen Religionslehre ist, dargestellt wird;
so ist dieß doch wirklich kaum zu verzeihen. Auch ist
schwer zu begreifen, wie die S. 115. gegebene moralische Anwendung der Fiktion dieses Krieges aus dieser
Fiktion heraus, oder hineingebracht werden kann. Aus
der Fiktion folgt durch eine natürliche Reflexion über
dieselbe ganz etwas anderes, als was als der moralische
Sinn davon angegeben wird. — Zu den abentheuer-
lichen moralischen Interpretationen in der philosophischen
Religionslehre gehört auch noch besonders die S. 109.
in der Anmerkung gegebene moralische Interpretation
des Kirchendogma's der Geburt des Stifters des Christenthums von einer iungfräulichen Mutter. Diese
Geburt soll, wie der Verfaßer sagt, es möglich machen
sich zu denken, daß der Stifter des Christenthums eine

vom

vom angebornen Hange zum Bösen freye Person gewesen sey, in dem die Sinnenlust, die bey der Fortpflanzung unsers Geschlechts genoßen wird, uns in eine gar zu nahe Verwandschaft mit der Thiergattung bringe, und etwas sey, deßen wir uns zu schämen haben. Nun will ich hierbey nicht untersuchen, ob diese moralische Interpretation der iungfräulichen Geburt eines Menschen mit einer richtigen, nicht überspannten und nicht schwärmerischen Moral vereinbar sey, und ob der Genuß der Sinnenlust bey der Zeugung eines Menschen überhaupt genommen so unmoralisch sey, als er bey dieser moralischen Interpretation vorausgesetzt wird. Dieß muß ich aber wohl anführen, daß wenn ein Prediger vor einer aus gebildeten Menschen bestehenden Gemeinde das Kirchendogma von der iungfräulichen Geburt Christi so moralisch interpretirte, wie es in der philosophischen Religionslehre geschehen ist, derselbe sich gewiß durch seine moralische Interpretation um allen Kredit bringen und die sittsamen Mitglieder des weiblichen Geschlechts schaamroth machen würde. — Nach dieser Erläuterung der Beschaffenheit der moralischen Interpretationen in der philosophischen Religionslehre kann ich den Wunsch nicht unterdrücken, daß unsere Volkslehrer und Prediger bey der moralischen Benutzung der heiligen Schrift sich die moralischen Interpretationen, die in diesem Werke vorkommen, doch ia niemals zum Muster wählen, sondern die dabey zu befolgenden Regeln lieber aus den Predigten eines Spalding, Zollikofer, Reinhard und anderer abstrahiren mögen. Wenn sie ihre Bequemlichkeit zu Rathe ziehen, so werden sie freylich das erstere zu thun haben. Denn um

die

die Schrift so moralisch zu interpretiren, wie es in
der philosophischen Religionslehre geschehen ist, darzu
gehört nicht der allergeringste Grad von gelehrter Kentniß der heiligen Schrift, sondern Luthers Bibelüber-
setzung reicht bey dieser Interpretation auch vollkommen
zu. Wollen sie aber ihre Pflicht beobachten, durch
die moralische Benutzung der heiligen Schrift Nutzen
stiften, und die Meynung bey dem großen Haufen
nicht auffkommen laßen, man könne aus der heiligen
Schrift machen, was man wolle; so müßen sie von den
eben genannten Männern lernen, wie durch Hülfe einer gelehrten und buchstäblichen Interpretation der heiligen Schrift viele für die Erkentniß und Ausübung
unserer Pflichten sehr nützliche Gedanken sich in derselben finden laßen, die deßwegen der große Haufe, dem
die Schrift heilig ist, gerne annehmen wird, weil er
sie als in der Schrift gegründet, nicht aber als in dieselbe ganz willkührlich und eigenmächtig hineingetragen
ansieht.

6. Da die Hauptabsicht bey der moralischen Interpretation, die in der philosophischen Religionslehre
so sehr anempfohlen wird, offenbar dahin geht, vermittelst derselben die wahre moralische Religion auszubreiten und moralische Aufklärung bey dem großen Haufen zu befördern; so ist auch noch zu untersuchen, ob die
durchgängige oder auch partielle Deutung der heiligen
Schrift und der Symbole des Kirchenglaubens zu einem moralischen Sinne auch wirklich das beste und
sicherste Mittel sey, um die blinde Anhänglichkeit des

K großen

großen Haufens an den Buchstaben des Kirchenglaubens zu vermindern, und ihm dafür die Grundsätze der
moralischen Religion einzuflößen. So viel ist ganz
gewiß, daß der religiöse Volksglaube bisher bey uns
schon dadurch ganz ungemein verbeßert, und die Anhänglichkeit an manchen für die Ausübung der moralischen Religion gefährlichen Aberglauben sehr vermindert worden ist, daß unsere Religionslehrer gewiße
Dogmen des Kirchenglaubens, die zur Erkentniß und
Ausübung unserer Pflichten gar nichts beytragen, und
denselben sogar entgegen wirken, in ihren Vorträgen
an das Volk gar nicht mehr berührten. Dadurch sind
diese Dogmen in Vergeßenheit gerathen, und können
also der Ausbreitung und Befestigung der moralischen
Religion beym großen Haufen weiter keinen Eintrag
thun. Trägt man nun aber diese Dogmen wieder vor,
so steht, gesetzt auch daß man ihnen einen moralischen
Sinn unterlegte, doch immer zu befürchten, daß der
große Haufen die moralische Deutung, die so oft sehr
gezwungen herauskommen muß, und mit dem buchstäblichen Sinne der Dogmen in gar keinem Zusammenhange steht, vergeßen, und sich an den buchstäblichen
Sinn derselben, der für ihn weit leichter zu faßen ist
und mit seinen Neigungen und Irrthümern oft in genauer Verbindung steht, halten werde. Die Erfahrung giebt uns schon hiervon einen Beweis an die Hand.
Haben denn die heidnischen Moral-Philosophen bey den
Griechen und Römern durch ihre moralische Auslegung
der fabelhaften Götterlehre irgend einen Nutzen gestiftet,
und eine reine moralische Religion unter dem großen

Haufen

Haufen verbreitet? Troß aller dieser Auslegungen
blieb der große Haufe dem Buchſtaben der fabelhaften
und alle Immoralität begünſtigenden Götterlehre ge-
treu, und die Philoſophen wurden mit ihrer moraliſchen
Auslegung dieser Götterlehre noch überdieß verſpottet.
— Allenfalls könnte man ſagen, die moraliſche Interpretation eines auf Moralität gar keine Beziehung
habenden Kirchenglaubens diene doch darzu, den großen Haufen auf die künftige Annahme einer moraliſchen
Religion vorzubereiten. Wenn dieß aber auch wahr
iſt, ſo iſt doch das Chriſtenthum (*) einer moraliſchen
Auslegung nicht bedürftig. Daßelbe ſtützt ſich nämlich,

K 2   wie

(*) Ich unterſcheide Chriſtenthum von dem chriſtlichen Kirchenglauben, wie wohl ieder, der mit dem einen und dem
andern Bekanntſchaft hat, auch thun wird. Leider iſt
aber in der philoſophiſchen Religionslehre auf dieſen Un-
terſchied nicht die allerminderſte Rückſicht genommen worden; vielmehr wird er in ihr gänzlich ignorirt, und die
Dogmen des Kirchenſyſtems, die zum Theil aus dem
Aberglauben, aus der Unbekanntſchaft mit den Grund-
ſprachen der heiligen Schrift und aus der Unterordnung
der gelehrten Interpretation des Neuen Teſtaments unter die Grundſätze der Hierarchie entſtanden, oder durch
dieſelben beſtimmt worden ſind, werden in derſelben mehrentheils als Lehren des Chriſtenthums angeſehen, und z.
B. die Lehre von der übernatürlichen Geburt Chriſti, von
der Dreyeinigkeit (durch welche nach S. 214. die ganze
reine moraliſche Religion ausgedrückt worden ſeyn ſoll),
von der Inſpiration der Bücher des Neuen Teſtaments
(davon in dieſem neuen Teſtamente kein Wort ſteht) immer für Lehren der Bibel chriſtlichen Antheils ausgegeben.

wie auch in der philosophischen Religionslehre zugestan.
den wird, auf reine Vernunftreligion und enthält die.
selbe in sich. Warum will man also dem großen Haufen, der an die Heiligkeit und Zuverläßigkeit der Urkunden des Christenthums glaubt, nicht mit der in ihm
enthaltenen moralischen Religion durch eine buchstäblich
richtige Auslegung dieser Urkunden bekannt machen,
sondern ihm erst durch die moralische Interpretation der
Kirchendogmen den Kopf verwirren, und ein Schwan-
ken zwischen der moralischen Religion und dem religiösen Aberglauben hervorbringen. Wenn also eine Kirche etwa auf Ovids Metamorphosen, oder auf ein ähn-
liches, lauter Fabeln und Ungereimtheiten enthaltendes
Buch durch einen Zufall gegründet worden wäre, so
mögte allenfalls die moralische Interpretation einigen
Nutzen haben können, und zum wenigsten die Vorstellung von einer moralischen Religion in den Gemüthern
t-rer, die einem solchen Kirchenglauben anhängen, zuerst wieder in Anregung bringen. Aber das reine
ächte Christenthum bedarf dieses Hülfsmittels nicht,
um von den Schlacken des Aberglaubens nach und nach
gereinigt zu werden, und eine wahre moralische Religion

ben. Hierdurch ist die Theorie von der moralischen Interpretation noch schwankender und unbestimmter geworden, indem bey derselben gar kein Unterschied zwischen
dem gemacht wird, was in einer für göttlich gehaltenen
Urkunde wirklich gelehrt wird, und was die doctrinale
Auslegung des heiligen Buchs in dasselbe aus Mangel
einer gelehrten Kentniß seines Innhalts hinein vernünftelt hat.

gion hervorbringen zu können. Die Lehre des Heiligen des Evangeliums ist wirklich für alle Menschen gül-
tig. Sie steht in unmittelbarer Verwandschaft mit der
Vernunft des Menschen, und es hat, wie ich nach
meiner Einsicht bekennen muß, weder in ältern noch in
neuern Zeiten einen Weisen gegeben, der über die Religion und über die moralische Bestimmung des Menschen erhabener und der allgemeinen Vernunft angemeßener gedacht hätte, als der Stifter des Christenthums. *) — Es ist überdieß die Pflicht aller gewiß-
senhaften Volkslehrer, den großen Haufen, deßen moralische Kultur ihm anvertrauet worden ist, nach und
nach dahin zu bringen, daß derselbe des Vehikels der
positiven, auf Offenbarung und Geschichte beruhenden
Religion zur Erkentniß und Ausübung seiner Pflichten

K 3

ganz

(*) Wenn mancher seit der Herausgabe der philosophischen
Religionslehre gesagt hat; Der Königsbergische Weltweise habe nun dasjenige vollendet, was Christus in
Ansehung der Predigt einer wahren Religion angefangen
aber unvollendet gelaßen habe; so beweißt dieß weiter
nichts, als daß es unter unsern Philosophen welche giebt,
die vom Christenthum keine andere Idee haben, als welche ihnen Luthers Catechismus verschafft hat. Eine
solche grobe Unwißenheit berichtigen zu wollen, das wäre
ja aber wahre Zeitverschwendung. Ich will daher nur
noch diesem scharfsinnigen Beurtheiler des Christenthums
rathen, daß er das Evangelium Johannis in irgend einer guten Uebersetzung durchlese. Hat er nicht allen
Sinn für Wahrheit verloren, so wird ihn dieß gewiß von
der Falschheit seines Urtheils überzeugen.

ganz und gar nicht weiter bedürfe, und daß der auf ein
heiliges Buch gegründete Kirchenglaube seine Giltigkeit nach und nach verliere, und in einen reinen, für
alle Menschen einleuchtenden Kirchenglauben übergehe.
Diese große und wichtige Revolution in der Denkungsart der Menschen, deren Hervorbringung der letzte
höchste Zweck iedes Kirchenglaubens ist, und die auch
Christus durch seine Lehre ganz eigentlich beabsichtigte,
wie aus den obgleich fragmentarischen und sehr unvoll-
ständigen Nachrichten über ihn doch unleugbar erhellet,
kann auch um deßwillen durch die moralische Interpretation eines schon vorhandenen, und mit Dogmen, die
keine Beziehung auf Moralität haben, versehenen Kirchenglaubens bewirkt werden, weil diese moralische Interpretation den Glauben an die Wichtigkeit und Wahrheit gewißer Geschichten und Statute unterhält, dieser
Glaube aber das wichtigste Hinderniß ist, das die Menschen abhält, sich in eine allgemeine Kirche zu vereinigen. Das Zeugniß der Geschichte spricht für meine
Behauptung. Ist denn iemals schon durch die moralische Interpretation eines Kirchenglaubens und seiner
positiven Dogmen irgend eine bedeutende Veränderung
in der religiösen Denkungsart eines Volkes bewirkt
worden? Zwar wird in der philosophischen Religionslehre S. 160. gesagt: „Das Christenthum besteht
aus solchen zum Theil sehr gezwungenen moralischen
Deutungen, denen ungezweifelt gute Zwecke zum Grunde liegen." Den Beweis hiervon ist aber die philosophische Religionslehre schuldig geblieben, und er mögte
auch wohl schwerlich zu geben seyn. Denn was es
auch

auch immer mit der Anführung des Alten Testaments
im Neuen für eine Bewandniß haben möge, so ist doch
so viel gewiß, daß weder Christus, noch auch die
Apostel sich bey ihrem moralischen Unterrichte auf das
Ansehen des Alten Testaments berufen, oder aus einer
moralischen Deutung der Dogmen des Judenthums die
Giltigkeit der Pflichten erwiesen haben, die den Anhän-
gern des Christenthums, als solchen, obliegen. (*)

K 4   Chri-

(*) Es hat mit dem Gebrauche des Alten Testaments im
Neuen eine ganz eigene Bewandniß und es läßt sich über
diesen Gebrauch nicht so leicht absprechen, als mancher
wohl thut. Für den größten Theil der Juden war das
Alte Testament das einzige Buch, das sie von Jugend
auf lasen. Bey ieder Gelegenheit citiren sie daher Stellen aus demselben, ohne dadurch allezeit etwas beweisen
zu wollen, so wie bey uns auch wohl ein mit den Schriften der Griechen und Römer sehr bekannter Mann selbst
im freundschaftlichen Gespräch Stellen aus diesen Schriften anführt, die mit dem Obiekt des Gesprächs in einiger Verbindung stehen, ohne durch diese Citation seine
Meynung allererst beweisen zu wollen. Mit einem Worte, was für die Griechen der Homer ist, das war auch
für die Juden das Alte Testament. — Nun ist freylich
auch nicht zu leugnen, daß die Schriftsteller des Neuen
Testaments sich manchmal auf Stellen des Alten Testaments berufen, um eine Behauptung zu beweisen, in
welcher nach dem buchstäblichen Sinne derselben nichts
von dem enthalten ist, was daraus erwiesen und abgeleitet wird. Hierbey nimmt man nun gemeiniglich an, die
Schriftsteller des Neuen Testaments hätten den wahren
Sinn der Stellen des Alten Testaments wohl beßer ge-
kannt,

Christus hat vielmehr den gänzlichen Umsturz des
Judaismus beabsichtiget, und denselben zu bewirken
gesucht. Und dieser gänzliche Umsturz des Judaismus
lag auch in dem Plane der Apostel, ob man ihnen gleich
eine etwas zu weit gehende temporäre Nachsicht gegen
die Anhänglichkeit der Christen aus den Juden an die
Dogmen des Judaismus vorwerfen könnte. Und wäre
wohl iemals eine Reformation des Christenthums zu
Stande gekommen, wenn die Reformatoren der christlichen Kirche ihre Verbeßerungen des Papismus (welcher von den Lehren der katholischen Kirche, wie solche
ietzt

kannt, allein den Irrthümern und Vorurtheilen ihrer
Zeitgenoßen, die einmal an die Aurorität des Alten Testaments glaubten, nachgegeben, und diesen Glauben
selbst zur Beförderung ihrer Absichten, und der Ausbreitung der neuen Religion benutzt. Allein wenn die Schriftsteller des Neuen Testaments so sehr den Vorurtheilen ihrer Zeitgenoßen nachgaben, und diese so viel, wie möglich
schonten, ia dieselben zur Beförderung ihrer Absichten benutzten, warum haben dieselben niemals die Mythologie
der Heyden, wenn sie diese zum Christenthum bekehren
wollen, benutzt und accomodirt? Womit will man ferner beweisen, daß die Schriftsteller des Neuen Testaments
von den Stellen des Alten Testaments, die sie anführen,
den wahren buchstäblichen Sinn eingesehen haben? Hatten sie es denn in der Erkenntniß der Regeln der Interpretation so weit gebracht, als wie wir es gebracht haben?
War es endlich nicht ein wahrer Betrug, wenn die
Schriftsteller des Neuen Testaments das Alte Testament
buchstäblich richtig verstanden, und demselben doch zu Beförderung ihrer Absichten einen andern Sinn beylegten?

Ich

wie in manchen Gegenden Deutschlands von den aufgeklärten Theologen dieser Kirche vorgetragen werden,
ganz verschieden ist) auf eine moralische Interpretation der wesentlichen Dogmen deßelben hätten einschrän-
ken wollen. Eine moralische Interpretation der Dogmen des Papismus ist so gut möglich, als die moralische Interpretation irgend eines andern positiven Glau-
bensfatzes, und es mögte sich wohl in das Dogma von
einem sichtbaren und untrüglichen Statthalter Christi
durch eine moralische Interpretation ein weit wichtiger
moralischer Sinn durch die moralische Interpretation
K 5   hinein-

Ich habe eine zu große Idee von der Aufrichtigkeit der
Schriftsteller des Neuen Testaments, die allen Betrug
gänzlich verabscheuten, als daß ich so etwas von denselben annehmen könnte. Diese Aufrichtigkeit derselben
zeigt sich in allen ihren Schriften. So haben sie zum
Beyspiel niemals vorgegeben, daß sie als von Gott in-
spirirte Männer schrieben. Sie erzählen nur, was sie gesehen und von glaubwürdigen Personen gehört haben, oder
was sie selbst von den Angelegenheiten des Christenthums
denken. Hierzu bedurfte es aber gar keiner Inspiration,
und das Vorgeben derselben hätte ihre Nachrichten nur
verdächtig gemacht. Ja ihre Aufrichtigkeit geht so weit,
daß sie sogar ihre eigenen Irrthümer und Thorheiten nicht
verschweigen, und daß man aus ihren Nachrichten von
dem, was Christus that und lehrte, immer noch einen
wichtigen Unterschied zwischen deßen Lehre und der ihri-
gen, die nicht allezeit mit iener vollkommen übereinstimmt,
abnehmen kann. Und diese musterhaft aufrichtigen Männer sollen sich eines frommen Betrugs bedient haben, um
ihre Lehre und Ueberzeugungen auszubreiten?

hineinbringen laßen, als in das Dogma von der jung-
fräulichen Geburt Christi. Aber was hätte der Chri-
stenheit diese moralische Interpretation des Papismus
gefruchtet, und hätte sie nicht offenbar uns unter dem
Joche der Hierarchie erhalten, ja durch den moralischen
Anstrich, den sie diesem Joche ertheilte, daßelbe nicht
noch weit drückender und unzerbrechbarer gemacht, als
es vorher war? — Dem Aberglauben und dem Pfaf-
senthum muß man einen offenbaren Krieg ankündigen,
wenn sie sollen ausgerottet werden, und durch Betrug,
sey er in seinen Absichten auch noch so gut, wird nie
das Reich Gottes und der Wahrheit zu uns gebracht
werden.

Im vierten Stücke der philosophischen Religionslehre
werden die Principien der wahren moralischen Religion,
wie auch die Principien, Quellen und mannichfaltigen
Aeußerungen des Religionswahns angegeben und erörtert. Freylich sind die Behauptungen, die in diesem
Stücke vorgetragen und erwiesen werden, der Hauptsache nach nicht neu, sondern mehrentheils schon von denen als wahr angenommen und erwiesen worden, welche die Vernunft für die Quelle und Richterin der Religion ansahen. Allein dem Verfaßer der philosophischen Religionslehre kann doch das Verdienst nicht
streitig gemacht werden, daß er die Folgen der Principien der wahren Religion in ihrer ganzen Vollständig-
keit in diesem vierten Stücke dargestellt, und besonders
lehr-

lebe Abſurdität des Religionswahns mit edler Freymü-
thigkeit (die man bisweilen in den vorhergegangenen
Stücken der philoſophiſchen Religionslehre vermißt) bis
in die geheimen Schlupfwinkel des menſchlichen Herzens,
in die er ſich oft zurückzieht, wenn er von der Vernunft
angegriffen wird, verfolgt habe. Ich habe daher dieſen Bemerkungen über die philoſophiſche Religionslehre
nichts weiter, als den herzlichen Wunſch beyzufügen,
daß der gute Saame, der in dieſem Werke in ſo rei-
chem Maaße ausgeſtreuet worden iſt, auch recht viele
Früchte tragen möge. Das große Anſehen, das ſich
der Verfaßer durch ſeine vielen und unſterblichen Ver-
dienſte um die ganze Philoſophie erworben hat, berech-
tiget mich zu der Erwartung, daß der obige Wunſch
in Erfüllung gehen werde, und daß durch die philoſophiſche Religionslehre das Reich des Lichtes werde erweitert, die Herrſchſchaft der Superſtition und der Fin-
ſterniß aber, die immer den Keim zum Guten, den die
Gottheit in die menſchliche Natur legte, erſtickte, um vieles
werde vermindert werden. Und wenn ich gegen die
Wahrheit mancher Behauptungen in dieſem Werke Einwendungen vorgebracht habe, ſo iſt es gewiß nicht in
der Abſicht geſchehen, um den wahren und unläug-
baren Werth deßelben für Zeitgenoßen und Nachwelt im
geringſten ungewiß zu machen oder gar herabzuſetzen;
ſondern iene Einwendungen ſollen nur die Aufmerkſam-
keit meiner Zeitgenoßen auf manchen Abſchnitt der philoſophiſchen Religionslehre ſchärfen, welches um ſo nö-
thiger zu ſeyn ſchien, da auch die Gedanken, welche
der große und meiner Lobeserhebungen nicht bedürftige

Ver-

Verfaßer in demselben zur öffentlichen Prüfung mitgetheilt hat, von vielen mit ganz blindem Beyfalle aufgenommen worden sind, (*) woraus man offenbar sieht,
daß das Selbstdenken, welches zur Vervollkommnerung
aller Wißenschaften unentbehrlich ist, und das der große
Mann durch seine Schriften und Arbeiten unter seinen
Zeitgenoßen verbreiten und befördern wollte, bis iezt
noch bey sehr wenigen Wurzel gefaßt habe und zur Ausübung gebracht worden sey, und daß man sich vorzüglich nur an den Buchstaben dieser Schriften halte,
ohne den Geist derselben im geringsten aufzufaßen.
Ich bitte daher meine Leser, alle Einwendungen, die
ich gegen die Richtigkeit gewißer Lehrsätze in der philosophischen Religionslehre vorgebracht habe, sorgfältig zu
prüfen, und nur das Gute und Wahre, das in denselben enthalten seyn mag, zu behalten und zu benutzen.

(*) Vorzüglich hat die moralische Interpretation der Bibel
ganz ungemeinen Beyfall gefunden, worüber man sich
gar nicht zu verwundern hat, indem durch diese Interpretation mancher auf einmal zum Besitz der Geschicklichkeit, die Schrift auszulegen, gekommen zu seyn glaubt,
ohne daß ihm die Erwerbung dieser Geschicklichkeit die
geringste Mühe gekostet hat.